3岁养性格，7岁养习惯

贾杜晶 著

中国农业出版社
农村读物出版社
·北京·

图书在版编目（CIP）数据

3 岁养性格，7 岁养习惯 / 贾杜晶著 . —北京：中国农业出版社，2023.3（2025.8 重印）

ISBN 978-7-109-30343-0

Ⅰ . ① 3... Ⅱ . ①贾 ... Ⅲ . ①习惯性－能力培养－研究 Ⅳ . ① B842.6

中国国家版本馆 CIP 数据核字 (2023) 第 005810 号

3 SUI YANG XINGGE 7 SUI YANG XIGUAN

中国农业出版社出版

地址：北京市朝阳区麦子店街 18 号楼

邮编：100125

策划编辑：宁雪莲

责任编辑：全　聪　宁雪莲　陈　亭　　文字编辑：吴沁茹

版式设计：王　怡　　责任校对：吴丽婷　　责任印刷：王　宏

印刷：中农印务有限公司

版次：2023 年 3 月第 1 版

印次：2025 年 8 月北京第 18 次印刷

发行：新华书店北京发行所

开本：880mm×1230mm　1/32

印张：7.25

字数：155 千字

定价：49.00 元

前 言

中国有句俗话，叫作"3岁看大，7岁看老"。意思是说，3岁是孩子个性的形成期，我们能通过一个3岁左右的孩子所表现出来的性格特征，大致看出他长大以后的样子；等孩子长到7岁左右时，我们基本上能通过他的性格特征，看到他一生的样子。

这种说法，是有科学依据的。教育心理学认为，从出生到3岁是孩子生理发育、心理发展最迅速的时期，也是孩子个性特征的萌芽期；而到了7岁左右，孩子的个性逐渐定型。所以，0~7岁，是孩子一生成长的重要阶段，作为父母，一定不能忽视这个年龄阶段的教育和引导。

0~3岁的婴幼儿，其实具有非常大的可塑性。我们通过动作、语言、社交能力等方面的训练，能够让孩子的智力水平以及性格得到显著的改善。3岁之前，我们可做的事情有很多，比如，可以有意识地引导孩子尝试自己吃饭、穿衣，逐渐培养孩子的独立意识；当孩子因为一件小事情而乱发脾气时，我们可以趁机告诉孩子"情绪"是怎么回事，并且引导孩子通过语言把自己的情绪表达出来，而不是通过乱发脾气的方式来发泄情绪。

3~6岁，是孩子个性修正的黄金期。当我们发现孩子有不好的行为习惯时，一定要及时帮助孩子把这些不好的地方修正过来，否则等这些不好的行为习惯内化为孩子的性格时，再想改变就晚了。

7岁左右，孩子大多都进入了小学阶段，开始了一段崭新的人生旅程。这个阶段，父母的关注点将不再是孩子的性格塑造，而是习惯养成。比如，作息习惯、饮食习惯、卫生习惯、阅读习惯、理财习惯等。按时作息、按时完成作业、自己的事情自己做的孩子，不用父母声嘶力竭地指责和打骂，他们就能游刃有余地处理好自己的生活和学习。

总之，父母要时刻提醒自己，孩子是一个具有独立思想的生命个体，他的学习和生活，甚至是未来的人生，都要靠他自己来主导。因此，唯有具备良好的性格，养成良好的习惯，孩子的人生之路才会更顺畅。所以说，父母与其花费大量的时间和金钱去给孩子报各种培训班，不如多花点时间好好培养一下孩子的性格和习惯。在帮助孩子塑造性格和培养习惯的过程中，父母也需要不断提升自己的修养，还要与时俱进，不断学习，用满满的耐心、毅力和爱意，为孩子的成长保驾护航。想要一个什么样的孩子，就要努力让自己成为一个什么样的父母。

天下没有最好的父母，只有更好的父母。我们应该感谢孩子，正是通过参与他们的成长，才让我们逐渐变成了更加完美的父母。

贾杜晶

2022年6月

目录

第5章
教育就是培养好习惯

第6章
小学各年级习惯培养清单

第7章
小学阶段其他重要习惯培养

第8章
孩子的好习惯，离不开父母的坚持和耐心等待

第 1 章

性格培养，
离不开父母的坚持

//

　　人生是一场马拉松比赛，在这个漫长的赛道上，性格才是决定输赢的关键因素。好的性格，如同一双有力的翅膀，可以帮助孩子飞向更广阔的天空。相反，再聪明的孩子，也可能因为性格的原因而被困于方寸之地。因此，父母与其花费大量金钱把孩子送到各种辅导班，还不如将关注点放在孩子的性格培养方面。

为什么说"性格对了，一辈子就对了"

曾经有朋友开玩笑说："以前的家长喜欢比工作、比工资，谁工作好、工资高，谁的脸上就有光。现在的家长则喜欢比孩子，谁家的孩子成绩好，谁的脸上就有光。"

现在想想，还真是这样，连我和我先生这样自诩比较"淡定"的父母，有时候也会"随波逐流"。为了让自己的孩子"成绩好"，女儿程程3岁左右时，我和我先生曾带她去过一次早教中心，想让她感受一下那里的学习氛围。去了一看，才发现那里的火爆程度远远超过了我的想象——思维课、数学课、英语口语课的教室里坐着许多脸庞稚嫩的孩子，其中有些孩子甚至才刚刚学会走路。

我笑着对我先生说："看来咱们闺女早就输在了'起跑线'上！"我先生则摇着头说："人生是一场长跑比赛，而不是短跑比赛，等你的孩子进入社会之后，你会发现，性格比智力更重要。"

　　回家之后，我俩促膝长谈，在女儿的教育问题上达成了一致意见：在今后的生活和学习中，决不能因为重视学习成绩而忽略了孩子在性格方面的塑造和培养。与优异的学习成绩相比，我们其实更在乎女儿是否具备独立、自信、坚韧、善良等优良品性。如果女儿具备这些优良的品性，将会有助于她今后的学习和生活，并且受益终生。简而言之，"性格对了，她的这一辈子也就对了"。

　　说到性格，有的家长可能会认为，孩子的性格是天生的，后天只能引导他的行为，拓宽他的眼界，却没办法塑造他的性格。其实，孩子性格的形成有先天的因素，也有后天的原因，很多好的性格可以通过后天培养和塑造。如果你把"性格"看作是一种与生俱来的、无法改变的特质，那么在孩子的教育方面，你就会变得非常被动。举个简单的例子，当你的孩子写作业拖拉、磨蹭，而你几番劝说无效之后，你很可能会摇摇头说一句"唉，天生这样的慢性子，真没办法"。相反，如果你认为"性格"是可以通过后天改变和塑造的，那么你在教育孩子方面则会变得积极、主动得多。例如，某一天，当孩子哭着向你抱怨"妈妈，画画太辛苦了，我不想再画画"时，你的第一反应可能就是"孩子，你现在需要坚持，坚持一段时间看到成绩，也许你就不这么认为了"。

　　我认为家庭氛围和父母的教育方式对孩子的性格形成起着很大的作用，因此也愿意花费更多的时间和精力放在孩子的性格培养方面。

　　遗憾的是，很多父母以为教育孩子就是让孩子获得知识和技能，因此将教育的责任推给了学校和校外的辅导机构，认为那里才是可以让孩子变得更加优秀的地方。其实，知识和技能固然重要，但很多情况下，良好的性格更容易让孩子脱颖而出，而性格的培养和塑造，主要靠父母。

从女儿3岁开始，我们便有意识地引导她，以便培养她良好的性格。比如带她外出时，我们会尽可能地让她自己走路，当她开始撒娇、想赖在地上不动时，我们则会牵着她的小手鼓励她坚持往前走；在选择一些课外兴趣班时，我们会很认真地倾听她的意见，培养她的独立思考能力，而且还告诉她一旦做了决定，就要坚持到底，千万不能半途而废。

现在，女儿练钢琴偶尔想偷懒时，我们就会立即笑着提醒她："当时可是你提出想学钢琴的哦！"听完这句话，女儿便会耸耸肩，坚持练琴。因为她知道，撒娇是没用的，自己做的选择只能坚持到底。在画画、练字、学习方面她也是如此，因为她知道，一旦自己做了选择，就必须咬牙坚持到底，父母不会给她半途而废的机会。

我很庆幸当初和先生都非常重视培养女儿的性格，不然现在的我们，陪孩子写作业时也难逃"鸡飞狗跳"的窘境。现在，"坚持"已经成为刻在女儿骨子里的一种行为，进而渐渐内化为她坚韧的性格。

除了坚韧之外，孩子活泼、开朗、乐观、自信等一系列良好的性格特质，都可以通过父母的教育、引导形成。当然，这不可能一蹴而就，需要父母通过日常生活中的点滴小事慢慢塑造，需要父母付出很多的心血。

之前看电视节目《奇葩说》时，一期节目里有个叫詹青云的女孩给人留下了非常深刻的印象。她在辩论时见解独到、思维敏捷，有人说看她的辩论，简直就是一种享受。可是大家很难想象，就是这样一位才女，在读小学和初中时，竟然是老师眼里的"学渣"。幸运的是，妈妈面对女儿糟糕的成绩，并没有通过报辅导班的方式来帮助女儿提升成绩，而是不停地给女儿"算命"："你到四年级就会变成好学生""你到初二就会变成好学生"……在这种鼓励方式下，女儿不但没有一蹶不振，反而一直非常自信，她坚信自己总有一天会变成那个开窍的好学生。果然，高二那年她获得了年级第一的好成绩，最后她还获得了哈佛大学法学博士的学位，现在成了一名优秀的律师。

詹青云的成功，与她妈妈的教育方式有着密切的关系。在妈妈的不断鼓励下，詹青云一直保持自信，坚信自己终有一天会获得成功。詹青云的成功逆袭让我明白了一个道理：性格真的可以改变命运，与其天天盯着孩子的成绩，还不如把一部分精力放在孩子的性格培养上。

希望自己的孩子聪明、优秀，几乎是每个家长的愿望。为了实现这样的愿望，很多家长甚至不惜投入巨大的财力、物力和心血，将孩子送进各种各样的辅导机构，以为这样就能如愿以偿。其实，这样不仅孩子受累，大人也跟着一起受累。看完詹青云的案例，我认为父母应该适当地把精力放在孩子的性格培养方面，一味地盯着孩子的成绩，并不能培养出优秀的孩子。

"3岁看大"的科学依据

中国有句俗话，叫作"3岁看大，7岁看老"。意思是我们通过一个孩子3岁时的行为表现，就能看出他长大以后的心理与个性，等他长到7岁时，就基本可以预知他一生的发展状况，这种说法其实是有一定科学依据的。

早期教育理论认为，0~3岁是婴幼儿身心发育的关键期，处于这个年龄阶段的婴幼儿在各方面有着非常大的可塑性。如果父母在这个阶段能够积极创造条件，对孩子进行动作、语言、社交能力等方面的训练，就会对孩子的智力水平、身体发育以及性格塑造产生显著的效果，而且这些训练持续的时间越久，对孩子的影响越深。

显然，这种说法并没有引起父母足够的重视，很多父母在孩子出生之后，就把养育的责任完全推给了孩子的爷爷奶奶或者姥姥姥爷。这类父母认为，对于0~3岁的孩子而言，吃饱喝足、玩得开心就够了，至于孩子有没有得到科学的教育和照顾，很多父母是不会在意的。其实这种错误的养育理念非常不利于孩子身心健康的发展，如果错过了0~3岁这个重要的性格可塑期，那么对孩子未来的影响将是非常大的，下面一起来看一项研究吧。

广东一所妇幼保健院和红十字会的工作人员，曾经分别选取了240名新生儿作为早教组和对照组进行科研实验。在研究期间，工作人员为早教组的儿童制订了详细的训练方案。首先由工作人员指导父母对这些新生儿进行视觉训练，之后再由儿保医生或护士到新生儿家中进行行为神经检查，同时对他们进行早教启蒙；随后，儿保医生或护士会根据孩子的生理发育及智能发育情况，制订新的早教计划，再由家长平时在家对孩子进行运动训练和指导。

经过一年半的追踪研究，结果发现，早教组的孩子在完成感知觉、大运动、精细动作、语言及社交行为五大领域的平均月龄早于对照组。据此，他们得出了一个结论：早期教育有利于儿童的神经心理发育，良好的育儿刺激对脑功能及其结构，无论在生理和心理方面均有重要的影响。

这个实验再次表明了3岁之前的孩子可塑性是非常大的。你陪他玩剪纸，他的动手能力就会得到明显的增强；你多抚摸他，给他足够多的安全感，他就会感到快乐，性格也会随之变得乐观、开朗。看完这个科学实验，你还会认为3岁之前的孩子是"懵懂无知"的吗？你还会撒手把孩子完全交给他的爷爷奶奶或姥姥爷爷去带吗？

一个孩子如果从出生开始，就能得到很好的陪伴和教育，那么他的性格会比其他孩子乐观、开朗、自信许多，这也是我坚持把女儿带在身边养育的一个重要原因。其实在女儿程程出生不久，我也曾面临着两难的抉择，那时候因为我和先生都要忙工作，母亲提出可以由她带程程回老家待两三年，等程程将要上幼儿园时再送回来也不迟。后来我和先生经过慎重考虑还是拒绝了，因为我们不想缺失孩子人生中这最重要的3年时光，而且这3年对于女儿的性格塑造是非常重要的。

　　我认为，我们再忙碌都应该承担起父母的职责，平时尽可能多抽出时间与孩子进行良好的亲子互动，哪怕只是逗引孩子爬一爬、笑一笑，和孩子玩玩小游戏，也能对孩子的智力发育和性格塑造产生积极的影响。除了日常陪伴之外，父母还应该对孩子的言行举止进行必要的引导和教育。因为即便是一个只有1岁的孩子，他也已经具备了"察言观色"的能力，能够从父母的态度中探知自己的行为是否触碰了底线，知道哪些事情该做，哪些事情不该做。因此，当孩子做错事情的时候，父母应该及时站出来教育他、引导他，让他知道是非对错，千万不要觉得3岁的孩子还小，长大以后再教育也不晚。

　　其实，等孩子过了3岁，你就会发现，他的性格轮廓早已在0~3岁这个重要的时期基本塑造成型了。你觉得他性格霸道，不懂分享，这时候想要告诉他"分享是一件快乐的事情"，可是他扭头就跑，拒绝和你沟通；你觉得他性格娇气，摔个跤都会躺在地上哭哭啼啼不起来，这时候你想告诉他"爬起来，做个勇敢的孩子"，可是他却继续赖在地上，哭个不停。所以教育孩子要趁早，这就像种植树木一样，趁它还是小树苗的时候就要修剪它的枝丫，及时清除影响树干形态的侧枝，使营养可以集中供给主干，避免侧枝过多地消耗营养。否则等到树木长大了，树干长得歪歪扭扭时，就难以修正了，育儿也是同样的道理。

　　如果你想得到一个开朗、乐观、自信、勇敢的孩子，那就应该从他出生开始，有目的地对他的言行加以约束和引导。在养育孩子的过程中，尤其需要注意以下几点：

01 培养孩子的独立意识

3岁之前，父母应该有计划地培养孩子的独立意识。父母可以让孩子学着自己穿衣吃饭，鼓励孩子主动和小朋友交流、玩耍，尽量让孩子在3岁之前掌握基本的生活技能、交往能力以及基本的学习能力，这样，孩子的性格才会逐步变得坚强、独立、勇敢。如果父母一味溺爱孩子，大包大揽，让孩子养成"衣来伸手，饭来张口"，凡事依赖父母的不良习惯，那么孩子长大之后，很可能会变成一个自私、懒惰、懦弱的人。

02 多和孩子进行亲子互动

孩子的早期培养，其实没必要花钱去早教机构，父母在家就可以进行。建议父母高质量地陪伴孩子，多与孩子进行良好的亲子互动，这种互动方式可以是玩"过家家"游戏，可以是体育比赛，甚至可以是面对面随意地聊天。在互动的过程中，孩子既能感受到生活的乐趣，还可以从父母那里获得足够的爱与安全感，同时也会变得更加自信、勇敢。

03 引导孩子正确表达自己的情绪

婴幼儿也会有正常的情绪表达，他们难过的时候会哭闹，生气的时候会扔东西，这些都是正常的行为表现。作为父母，我们应该在日常生活中引导孩子学会正确表达自己的情绪，比如告诉孩子，无论伤心还是生气，都可以尝试与父母好好沟通，不要一味哭闹、撒泼和摔打玩具，这是非常不好的情绪发泄方式。总之，作为父母，尽可能地帮助孩子在3岁之前养成乐观、开朗、自信、勇敢等优良品质，才是避免让孩子"输在起跑线"上的良策，而不要一味地把孩子推给老人、学校或者校外辅导机构。

3~6岁，是孩子性格养成的黄金期

前面讲过，一棵小树苗，小的时候需要清除侧枝以保证主干的营养供给，而在它稍微长大一些的时候，还要在它的四周插上竹竿作为支架，用以固定住小树苗的生长方向，保证它不长歪。养育孩子也是同样的道理，3岁之前的教育和引导对他而言，就是帮助他养成良好的作息规律，与他建立良好的亲子关系，培养他的安全感，而不是让他学习儿歌、背诵古诗等。过了这一阶段，到了3~6岁，孩子便进入了性格塑造的关键期和规则意识培养的关键期，就像树苗需要插上支架来固定它的生长方向一样，孩子也需要规矩，也需要塑造良好的性格品质。

3~6岁的孩子基本上都进入幼儿园了，他们会在幼儿园里学会排队、如厕、吃饭等，并通过这些事情培养规则意识。但是，父母不应该把教养的责任完全推给幼儿园的老师，而是应该帮助孩子继续巩固这些良好的行为习惯。举个简单的例子，孩子在幼儿园里学会了"排队等候"的规则，父母也应该以身作则，通过言传身教将这个规则内化进孩子的内心深处。反之，如果父母在超市购物付款时不遵守依次排队的秩序，就会给孩子造成规则是可以打破的错觉。如此，孩子在今后的生活中，也会不自觉地模仿父母的行为，不遵守排队的秩序。

"排队等候""生气时不大喊大叫""不能打人""懂得分享""做错了事情要勇于承担责任"……这些行为规则，你给孩子讲一千遍一万遍，也不如亲自给孩子示范一遍。如果你想让自己的孩子活泼开朗，那你在生活中就不要愁眉苦脸、唉声叹气，你要给孩子展示阳光的一面，用快乐的态度去感染他、影响他。在生活中，我们很难见到一对悲观消极的夫妻能培养出自信、开朗的孩子。尤其是在3~6岁这一性格塑造的黄金期，父母的教育至关重要。正确的教育方式可以帮助孩子形成良好的性格，而不良的教育方式则会误导孩子。

有一次，我在游乐场无意间看到了这样的场景：一位妈妈带着自己的女儿在游乐场里玩耍，小女孩看上去只有3岁左右，非常活泼。这时候，她看见旁边有个小姐姐骑着一辆玩具车在"运送蔬菜"，她觉得非常有意思，便闹着也要玩。

于是，她的妈妈便走过去跟对方说："你可以带她一起玩吗？"对方点点头答应了。可是小女孩却不同意，她非要让对方把小推车让给她一个人玩。这样的要求，对方没有答应。我原本以为，那位妈妈会劝说一下自己的女儿，结果没想到她竟然走到对方面前，带着抱怨的语气说道："这是游乐场的玩具，大家都有权利玩，凭什么你一个人占着不撒手，你玩得够久了，应该让给别人玩一下！"大一点儿的女孩听完，吓得直接丢下玩具车，跑去找自己的妈妈了。小女孩看到小姐姐跑开的身影，得意地笑了，然后她像个骄傲的小公主一样骑上了玩具车接着玩。

案例中的小女孩只有3岁，可是她从妈妈身上却学到了一种不良的处事方式，那就是做事霸道、蛮横。她发现妈妈只需大声呵斥一下就能吓得对方丢下玩具跑开。那么，下次遇到类似的事情，她首先想到的解决办法不是跟对方好好沟通，而是直接通过抢夺或者吓退对方的方式，来获取自己想要的东西。慢慢地，孩子的性格就会随着她的行为习惯变得霸道、蛮横起来。小的时候她霸道、蛮横，别的小朋友可能不会太计较，但是等她有一天步入社会和婚姻，社会上的其他人和婚姻里的另一半，就未必愿意包容她的霸道和蛮横了。到那时，受伤的反而是女孩自己。

养成好习惯的关键是遵守规则，作为父母，我们一定要给孩子设定一定的规则和界限，并且严格监督孩子执行。相声演员郭德纲在谈到自己教育儿子的理念时，曾经说过类似的话："我在家把他管好了，远比他出去不懂礼貌，让别人打击他，回来后我心疼强得多。我该说的都说了，我该管的都管了，我儿子什么都懂，就不容易在外面吃亏。"这样的教育理念非常有道理。孩子越过规则和界限的时候，该管教就得管教，自己把孩子教育好了，总比他进入社会被别人"教育"要好得多。所以培养孩子的良好性格，一定要趁早！

在对3~6岁的孩子进行教育引导时，我们一定要注意方式、方法，以免引起孩子的排斥心理。下面几种沟通方式，需要父母格外注意。

01 尽量用温和的态度与孩子交流

在对孩子进行教育、引导时，父母应该尽量采取温和的态度和方式，切忌利用父母的威严，动辄呵斥、打骂孩子。如果父母采取强硬的手段打压孩子，孩子可能会一时屈从而假装听话，但过后却继续我行我素，将父母的劝告抛诸脑后。真正能打动孩子、促使孩子做出改变的教育方式，一定是润物细无声的谆谆教导。只有孩子从内心深处真正接受了父母的建议，他才会自觉、主动地做出改变。

02 孩子犯了错，父母一定要及时纠正

"勿以善小而不为，勿以恶小而为之"，这应该是父母始终坚守的教育理念。在教育孩子时，不能因为孩子犯的错误小就忽视它，因为错误再小都有可能发展成大错，一旦等小错酿成无法补救的大错时，父母再懊悔、自责也晚了。比如，孩子在第一次撒谎时，父母选择睁一只眼闭一只眼，那么孩子很有可能会养成撒谎的坏习惯。因为如果他发现自己撒谎之后，不仅没有受到相应的惩罚，反而因此获得了一些好处，那么他以后还会继续撒谎。

03 爱与感恩，是美好性格教育的基础

无论孩子以后养成什么样的性格，爱与感恩都应该是性格塑造的基础。一个孩子，即使他成绩再优异，事业再成功，可是如果不懂爱与感恩的话，将是他人生的一大遗憾。作为父母，我们首先应该教育孩子学会爱与感恩，接下来才是培养乐观、自信、独立等优秀品质，没有爱与感恩的"自信"是狂妄自大。同样，没有爱与感恩的"独立"，充其量只能算是孤芳自赏，这样的自信和独立，并不能让人信服。

作为父母，我们千万不要错过孩子3~6岁性格培养的黄金期，否则孩子的性格一旦成型，再想改变，就没那么容易了。

男孩女孩大脑结构不同，养育方式也不同

男孩女孩大脑结构不同？这听起来是不是有点儿天方夜谭？事实上的确如此。现代科学研究表明，男孩和女孩的大脑结构存在着一些差异。首先，同龄男孩的大脑比女孩的大脑容量稍大。其次，男孩女孩的大脑发展顺序有所不同。女孩大脑中掌管语言和精细动作的部分比男孩早熟，而男孩大脑中掌管目标和空间记忆的部分比女孩早熟。所以我们会发现，女孩往往比男孩说话早，在精细动作方面，女孩也要比男孩掌握得好一些；而在运动、空间感方面，男孩则更具有优势。最后，男孩左右大脑之间的胼胝体小于女孩，男孩左右大脑之间的联系也少于女孩。

既然男孩女孩的大脑结构如此不同，那么我们在教育孩子的过程中，一定要尊重孩子的发育规律，根据孩子的性别进行差异化的教育，否则不仅无法达到预想的效果，还会对孩子的身心成长造成一定的负面影响。下面我们来看一个案例。

5岁的乐乐是个可爱的小男孩，在妈妈的意识里，男孩就应该大胆、勇敢，而不应该整天哭哭啼啼，扑在妈妈怀里撒娇。可是乐乐偏偏就是一个爱哭鼻子的"黏人鬼"。有一次，妈妈临时有事要出去，乐乐立刻拉着妈妈的衣角哭闹不止，最后妈妈被缠得受不了了，只好一把扯开乐乐的小手，不耐烦地吼道："哭哭哭，一个男孩子整天就知道哭，怎么比女孩子还娇气！"听完妈妈的指责，乐乐哭得更伤心

了。还有一次，乐乐的数学考了94分，回到家，妈妈检查完试卷，怒不可遏地指着试卷上的题目对乐乐吼道："这么简单的题目都能做错，你究竟有多粗心啊？"听完妈妈的话，乐乐的眼泪顿时就像断了线的珠子一样掉了下来。

乐乐妈妈潜意识里认为男孩就应该坚强、勇敢，而不是整天哭哭啼啼，否则就是娇气、懦弱，不像个男子汉，因此在面对儿子的"黏人"表现时，妈妈就会表现得非常不耐烦。其实，这是因为乐乐妈妈不了解男孩的发育特点。乐乐才刚刚5岁，他的大脑额叶发育要比同龄的女孩子晚，心智相对也比女孩晚熟一些。在这个年龄阶段，男孩表现得比女孩脆弱、娇气一些，是正常的。妈妈在了解了男孩的发育特点之后，应该更加耐心地呵护他，给他足够的时间成长和成熟。男孩女孩大脑结构上的差别，造成了他们在性格方面的差别，也会对他们的学习产生影响。男孩女孩大脑不同的发育特点使得男孩在做题时容易马马虎虎、粗心大意，因而很多男孩小时候的成绩不如女孩优异。明白了这个道理，妈妈就应该给予男孩一定的成长空间，在辅导男孩作业时也要付出更多的耐心和精力。

在根据性别进行差异化教育时，我们除了要有足够的耐心之外，还应掌握以下几点技巧：

01 跟男孩沟通，尽量要直截了当

由于男孩对于语言的感知力相对于女孩要弱一些，所以我们在与男孩进行交流沟通时，应该尽可能直截了当地表达观点，少用复杂深奥的长句，多用简单明了的短句。例如，当男孩沉迷于游戏之中不愿

意学习时，父母千万不要唠唠叨叨，大道理讲个没完，而应该直截了当地告诉孩子："关掉手机，立刻开始写作业！"当他遇到困难哭哭啼啼时，父母也不要跟他讲什么"要坚强、要勇敢"的大道理，只需简简单单地跟他表达态度："别哭，去想办法解决它！"只有针对男孩的性格特点采取行之有效的沟通方法，才能让男孩更快、更好地接收到你的信息指令。

02 跟女孩沟通，尽量要循循善诱

相反，我们在跟女孩进行沟通时，一定要"动之以情、晓之以理"，循序渐进地开导她、教育她，千万不能采用直截了当的沟通方式，否则会让性格敏感、心思细腻的女孩产生排斥心理。当你对她说出"关掉电脑，立刻，马上"这样的命令时，她的大脑第一反应不是付诸行动，而是委屈地想："爸爸妈妈生气了，才会这样对我大吼大叫。"所以说，女孩要"宠着养"，还是有一定的道理的。

03 要给男孩一定的成长时间

同龄男孩的大脑发育比女孩要晚一些，尤其是在10岁之前，男孩在智力发育、语言表达、情感认知、自控能力等方面的表现都要比女孩差一些。比如，男孩做数学题时会马马虎虎，背诵古诗时会磨磨叽叽。这时候，父母应该不急不躁，给予男孩一定的耐心，接受表现尚不成熟的孩子。在10~14岁这个年龄段，男孩的大脑潜能才会慢慢展现出来，如果父母这时候在花费精力引导孩子养成良好的学习习惯，将更容易收到成效。

04 青春期之后，要多对女孩进行鼓励

进入青春期之后，女孩的大脑发育趋于稳定，发展潜力和发展空间比不上同龄的男孩，逻辑思维能力也比不上同龄男孩。这也是在现实生活中为什么一些原本在小学学习成绩还不错的女孩子，到了初中和高中以后，学习成绩会慢慢地落后于男孩的原因。这种现象并不能说明女孩的学习能力变差了，只是与男孩相比，她们的学习潜力达到了一个"平台期"而已。作为父母，我们要理性地看待这个现象，千万不能一味地批评、指责女孩不努力，否则会对她的心灵造成很大的冲击。正确的做法应该是鼓励孩子别气馁、多努力，争取尽快将学习成绩提上去。

总之，父母要根据男孩女孩大脑发育的不同特征，有针对性地开发孩子的潜能，同时辅以恰当的养育方式，这样不仅可以让孩子形成良好的性格，还能帮助他们找到属于自己最佳的成长道路。

没有完美的孩子，也不需要完美的孩子

什么样的父母才算是成熟的父母呢？一个很重要的评判标准就是父母有没有"我的孩子并不完美，但我依然深爱他"的觉悟。有的孩子爱撒娇、哭鼻子，哭起来歇斯底里；有的孩子淘起气来惊天动地，活脱脱一个小魔王；有的孩子看起来很笨拙，一首简单的古诗，妈妈

教了无数遍，孩子依然没能背下来……没有哪个孩子从生下来就是完美无缺的，能够接受孩子的不完美，并且愿意以更加平和的心态去教育他、引导他，让他成为一个越来越完美的孩子，是每一位合格的家长都应该具备的基本素质。

很多父母心里都藏着一个"别人家的孩子"，别人家的孩子那么乖巧，不用父母督促就能自觉地完成老师布置的作业；别人家的孩子那么聪明，老师讲过一遍的知识点，他就能完全掌握，可是自己的孩子听了无数遍，脑子里还是一团糨糊。这样的父母，是焦虑的父母，他们总盯着别人家孩子身上的闪光点，却忽略了自己孩子身上的很多优点——他也许学习成绩不好，但他喜欢钻研，能把很复杂的玩具拆掉再自己组装起来；他天性虽然淘气，但是他的人缘特别好，身边总有一群小伙伴喜欢跟他聊天、玩耍。又或许这样一个正在被你"嫌弃"的孩子，正是其他人眼中的"别人家的孩子"。

其实，每个孩子都有闪光点，我们缺少的只是一双善于发现这些闪光点的眼睛。

有一天，女儿做数学题时，因为粗心算错了一道很简单的题目，我反复提醒了她好几遍，她却依然没能看到错误在哪里。后来我虽然按捺着心中的怒火，但说话的声音明显大了起来："从头开始，重新算一遍！"可怜的小人儿，努力克制着即将滴落下来的泪珠，认真地点了点头说道："好的，妈妈。"

我觉得以女儿的聪明程度，不应该犯如此"低级"的错误。可事实是，她的确犯了，要么粗心地把加号写成了减号，要么抄着抄着题目，就抄错了一个数字。总之，在那段时间，她似乎总是无法交上一份完美的答卷。

说实话，那段时间我有一些挫败感，我担心如果我的女儿总是这么粗心大意的话，那她的数学成绩将会非常糟糕。晚上我跟先生聊天，有些担忧地对他说道："仔细看题，不要粗心，就那么难吗？"

"她还是个孩子，粗心总是难免的，你不可能要求她事事完美。"先生不急不躁地说道，"再说了，90%的家长都得接受一个现实，你的孩子终究只是一个普通人而已。"

"我的孩子终究只是一个普通人"，这句话听起来难以接受，但的确是事实，只是大部分父母都不愿意承认而已。我反思了一下自己那段时间的心态，对女儿的要求确实过于完美了。一个5岁的小女孩，能提前掌握100以内的加减法已经够优秀了，我竟然还要求她不能出现一丁点儿的失误。想通了这个问题之后，回头再看女儿趴在书桌前认真做题的背影，我不由得走过去，对着她的小脸蛋，轻轻地嘬了一口。

只要你接受了孩子的不完美之处，瞬间就会觉得他可爱了许多。作为父母，我们要适度降低自己的期待值，这样的话，孩子反而总会处处给你意想不到的惊喜。反正"我的孩子终究只是一个普通人"，那我就踏踏实实地按照"普通人"的要求教导他，只要他每天都在进步和成长，他就是我们心里面最棒的那个孩子。

在接受不完美的孩子这方面，我们应该向爱迪生的母亲学习，这位母亲全心全意所接受的爱迪生，在别人的眼里甚至连"普通人"都不是。

爱迪生上学时总喜欢摆弄各种小玩意，爱问奇怪的问题。校长认为他是个调皮捣蛋的孩子，于是把他的妈妈找来，当面抱怨道："他脑子太笨了，而且喜欢问一些不着边际的问题。我们真教不好你的儿子。"

他母亲认为自己的儿子脑子并不笨，相反他比其他孩子还要聪明。至于他爱问奇怪的问题，母亲则认为这恰恰说明他爱思考问题，求知欲很旺盛。因此，倔强的母亲把被学校劝退的爱迪生带回了家，并且告诉他："从明天起，我要在家里好好地教育你。"不仅如此，她还在自家的阁楼里为儿子开辟了一间实验室，支持儿子动手搞各种小实验。

成功后的爱迪生，每每念及母亲，都会心怀感激地说："当学校老师叫我'笨蛋'时，她来到学校极力为我辩护。无论发生什么事，母亲都为我顶着，所以才会有我的今天。无论在什么样的情况下，只有母亲才会体谅我的任性，所以我才能一往无前。无论在多么痛苦的时候，我都能得到母亲的安慰，所以我才能坚持下来。我所取得的一切成就，都是托母亲的福。"

传统观念认为，爱迪生上课不好好听讲，总是自己动手搞各种小玩意，而且总爱提各种奇怪的问题，惹老师不高兴，他一定是一个"差劲"的孩子！可是她的母亲却从另外一个角度理解和接受了孩子的"不完美"：他爱搞小玩意，说明他有创造精神；他爱问奇怪的问题，说明他有强烈的求知欲。她不仅全盘接受了儿子的"不完美"，而且花费了巨大的心血，将儿子的这种"不完美"变成了闪光点，从而使儿子取得了举世瞩目的伟大成就。这是一个伟大的母亲，她的伟大之处不在于生了一个多么聪慧的孩子，而在于她张开双臂，全盘接受了一个在别人眼里多么"糟糕"的孩子，并且多年如一日地陪伴他去追寻自己的梦想。

如果有一天，我们发现自己的孩子不够完美时，那就换个角度再看看他吧！

01 不完美才有更多的乐趣

正是因为各种各样的不完美，才让我们有机会陪着孩子去共同经历一些有趣的事情。面对活泼好动的孩子，我们可以和他多做一些手工，提升一下他的注意力；面对粗心大意的孩子，我们可以有意识地让他多承担一些家务劳动，培养一下他的责任心。总之，我们要善于从不完美的事情中发现生活的乐趣，在享受乐趣的过程中逐渐改变这些缺憾。

02 多给孩子贴一些"好标签"

有一天，如果我们发现孩子身上有些不完美的地方，千万不要着急给他贴上各种各样的"坏标签"，要知道，一旦给孩子贴上了这些"坏标签"，那他就很可能破罐子破摔，继续"坏"给你看。孩子偶尔撒一次善意的谎言，并不意味着他就是一个爱撒谎的孩子，换个角度来看，恰恰说明他是个善良的好孩子。作为父母，我们要善于发现孩子行为背后的闪光点。如果父母想给孩子贴标签的话，不妨多贴一些能鼓励他上进的好标签，比如"善良""聪明"和"懂事"，带着这样的好标签，不用父母督促，孩子自己就会主动往好的方向努力。

03 降低自己对孩子的期望值

"望子成龙、望女成凤"是所有家长的美好愿望，可是能够成为"人中龙凤"的孩子毕竟少之又少，大部分孩子终究无法成为社会的精英。作为父母，我们应该适度降低自己对孩子的期望值，只有这样，才能以平和的心态去接纳孩子身上所有的不完美，并且陪着孩子慢慢长大。一个被父母无条件接纳的孩子，会收获满满的安全感，在安全感的包裹下，他才能放心、大胆地去探索和进步。

作为父母，我们也有很多不完美的地方，孩子却依然毫无保留地深爱着我们，反过来说，我们还有什么资格不去接纳一个不够完美的孩子呢？我们应该感谢生命中这些不完美的孩子，是他们让我们学会如何成为一个更好的家长。

第 2 章

幼儿园 3 年，是孩子性格塑造的黄金期

3~6岁，是孩子性格塑造的黄金期，大家通常把这个阶段称作"潮湿的水泥期"。意思是说，在这个阶段，父母还可以通过教育引导，帮助孩子修正自己的个性，从而让孩子变得更加完美。否则，一旦错过这个宝贵的可塑期，再想纠正孩子的性格问题，就很困难了。

3~6岁，是"潮湿的水泥期"

3~6岁，是孩子性格塑造的黄金期，也是孩子个性修正的黄金3年。在这3年时间里，如果我们发现孩子身上有一些不良的行为习惯，一定要及时予以纠正，否则任其自由发展下去，就会极大地影响孩子的性格塑造。因此，3~6岁也被形象地称为"潮湿的水泥期"。这个时期的孩子，性格就像"潮湿的水泥"一样，具有很强的可塑性，父母可以通过一定的教育和引导，帮助孩子塑造更加完美的性格。一旦过了这个阶段，孩子的性格就会像慢慢凝固下来的水泥一样，很难再有大的改变。因此，父母一定要抓住这个宝贵的黄金期，努力修正孩子性格中的不足之处，健全孩子的品性。

要想抓住孩子3~6岁性格修正的黄金期，纠正孩子的不良习惯，我们首先要了解这个年龄阶段孩子的身心发展规律，循序渐进地教育他、引导他，而不能一味依靠简单、粗暴的指令来强迫他改变。

在这里，我想跟大家聊一聊孩子的"秩序感"。一般而言，1~3岁的孩子已经有了自我意识的萌芽，他们会根据自己的认知和理解去坚持一些行为习惯。比如，他认为应该用手抓饭吃，就会固执地坚持用手抓饭吃，即使父母告诉他"吃饭应该用勺子或筷子"，他也不予理睬；再比如，如果孩子想把他的玩具放在柜子左边，那他就会每天都坚持这么做，即使父母告诉他"这是放相框的地方"，他也丝毫不会改变自己的摆放习惯。这就是一种执拗的"内在秩序感"，孩子只根据自己内在的认知和理解去判断一件事情的对错，父母无论如何教育也无法改变他的行为模式。这个时期，父母应该尊重孩子的"内在秩序感"，不能用"家长的威严"去阻拦孩子的行为，否则会让孩子感受到强烈的不安。

然而，孩子一旦进入3~6岁这个年龄阶段之后，他对秩序的执行就会从"内在要求"转向"外部规则"，他不再偏执地去做自己认为对的事情，而是会慢慢遵守一些社会规范。比如，外部规则要求"乘坐公共汽车的时候不能大声喧哗"，孩子就会适当收敛自己大喊大叫的行为，在乘坐公共交通工具时保持安静。除此之外，他还会接触更多的社会规则，比如"买东西要排队""过马路要走人行横道""通过十字路口要看红绿灯"等。在教育孩子遵守社会规则的过程中，家长需要给予孩子明确的要求和指导，告诉孩子规则的界限在哪里，哪些行为是正确的，哪些行为是错误的，让孩子建立正确的"秩序观"。

如果我们仔细观察，就会发现孩子对待"规则"的不同态度从某种程度上影响着他们的性格塑造。举个简单的例子，当你的孩子和小朋友发生争执的时候，他没有按照社会规则好好沟通，而是径直上去动手打人，这样的行为持续下去，可能会让他形成坏习惯，以及暴力、蛮横的性格；相反，即使你的孩子再生气，都能克制自己的情绪，耐心跟对方讲道理，那么时间长了，他的性格也可能会变得稳重、理性。遵守社会规则，并不是孩子与生俱来的天性，而是需要父母教育和引导的。当孩子做错事情的时候，父母应该及时站出来告诉他"你这种做法是错误的，下次要改正"；当他做对了时，父母也应该毫不吝啬地表扬他"孩子，你这么做太棒了！"在这种正反面结合的教育和引导下，孩子的行为习惯会得到不断的改善，性格也会随之变得更加完美。反之，如果父母一味纵容孩子，就只会让孩子的性格变得越来越糟糕。

我们一起来看下面这个案例。

超超4岁了，他特别喜欢看动画片，可是爸爸妈妈担心他看电视时间久了影响视力，就跟他约定，每次看动画片时间最多不能超过30分钟。有一次，超超看动画片的时间有些长，妈妈提醒了他好几次，他都不愿意听，于是妈妈只好走过去直接把电视关了。结果，这个举动彻底激怒了超超，超超非常生气，直接从沙发上跳下来冲到妈妈面前，扑上去在妈妈的脸上抓了两下。妈妈看到儿子伸手打自己，只是愤愤地捂着脸颊，生气地吼道："你打吧，打死妈妈算了！"

案例中的超超因为妈妈关掉电视，就表现得怒不可遏。4岁的孩子有愤怒的情绪表现，完全是一种正常现象，我们不可能要求孩子永远都处于一种快乐、平和的情绪状态中。但是，作为父母，我们应该教孩子学会正确处理自己的愤怒情绪，比如可以引导孩子通过转移注意力的方式来缓解自己的愤怒情绪。可是，案例中的妈妈在看到儿子打自己的行为后，只是抱怨几句了事，完全没有对儿子的负面情绪和行为作出分析和引导。妈妈这种溺爱、纵容的态度，只会让儿子更加过分。长此以往，孩子的性格也会变得非常暴戾，这对他的成长十分不利。

3~6岁，正是孩子建立规则意识的关键时期。作为父母，我们要给予孩子明确的指令和要求，让孩子知道自己的行为界限在哪里，不能任由孩子恣意妄为。为此，父母应当注意以下几点。

01　不能任由孩子乱发脾气

3~6岁的孩子，不能很好地控制自己的负面情绪。如果这个年龄阶段的孩子想要一件玩具，而父母又没有答应他的要求时，他就会通过撒娇、哭闹的方式来"威胁"父母满足自己的愿望。这时候，父母一定不能屈从于孩子的哭闹、撒泼行为，因为这么做只会助长孩子乱发脾气的坏习惯。在这种情况下，父母应该明确告诉孩子："无论你哭多久，今天都不可能得到这个玩具。"只有这样，孩子才能通过父母的态度明白一个道理：乱发脾气，是不能达到目的的。

02　不要让孩子太自私自利

3~6岁的孩子，应该要懂得分享的道理。如果你发现自己的孩子在3岁之后，仍然喜欢吃"独食"，有玩具也不愿意跟大家分享，那么父母就应该反思一下，自己在平时的生活中是否过于宠溺孩子，以至于让孩子养成了"自私自利"的性格。遇到这种情况，父母不妨也吃回"独食"，让孩子也体会一下"被冷落"的滋味，只有这样，孩子才会学着去考虑别人的感受。

03 不能让孩子太好吃懒做

3~6岁的孩子，可以教他帮父母做一些家务活了，"衣来伸手，饭来张口"的养育方式，只会让孩子变得好吃懒做、缺乏责任感。如果我们发现孩子在生活中变得过于懒惰，那就应该从现在开始，给孩子分配一些力所能及的家务活，比如让他帮着父母擦擦桌子、扫扫地，相信通过一些家务活动，孩子不仅能变得勤奋、负责，还能体会到父母养育自己的艰辛。

04 不能让孩子过于害羞胆小

如果你发现孩子平时比较害羞、胆小，在幼儿园也不喜欢举手发言，不喜欢参加集体活动，那就说明孩子的性格可能有些内向。作为父母，我们应该鼓励孩子多跟别人打招呼，让孩子学会主动跟人交往的技巧。同时，父母还应多表扬孩子取得的成绩，多肯定孩子付出的努力，多鼓励孩子表达自己的想法，时间久了，孩子自然就会变得大方、自信。

总之，在"潮湿的水泥"期，孩子有很强的可塑性，父母应该把握住这个黄金时期，帮助孩子修正性格，建立合理的秩序感和规则感。

性格塑造期，如何判断孩子的性格类型

中医有句话叫"对症下药"，是说医生在治病之前，应该充分了解病人的病症，根据病人的症状采取有针对性的治疗方案。其实教育孩子也如同治病行医。作为父母，我们需要一双"火眼金睛"，洞察每一个孩子的性格特征，找出孩子性格中的优缺点，鼓励孩子把好的方面发扬光大，把不好的方面修正过来，这样孩子才能成长得更加健康、优秀。

3~6岁是孩子性格塑造的黄金3年，在这一时期，父母应该投入很大的心血去帮助孩子修正个性，以免错过大好时机。在这个过程中，有的父母往往会表现得焦虑、恐慌，因为他们不知道该如帮助孩子塑造良好的性格。在这样的心理支配下，他们便会下意识地去拿"别人家的孩子"作为参照，当孩子表现得不够让人满意的时候，父母就会立即搬来"别人家的孩子"来教育自己的孩子。常见的口头禅就是"你看×××那么懂事，都会帮妈妈做家务了，你竟然连双袜子都不会穿"；"你看×××，每次打招呼都大大方方的，再看看你，说句话都扭扭捏捏，跟在肚子里面哼哼一样"。父母这么说，本意是想通过"激将"的方式让孩子意识到自己和别人的差距，然后奋起直追，直到追上"别人家的孩子"。可结果往往事与愿违，很多孩子在父母的"激将"之下，不仅没有变得"知耻而后勇"，反而变得更加不自信，因为他们觉得父母这么说，是因为不够喜欢自己。

下面这个对话，或许会让我们对"别人家的孩子"这个话题有深入的反思。

小时候，父母问孩子："你说说，别人家的孩子怎么就那么好？"

接下来，孩子睁大眼睛对父母说："可我从来没觉得别人家的父母那么好，在我心里，我就觉得你们最好。"

如果下次，你还是忍不住想把"别人家的孩子"挂在嘴边，不妨换位思考一下，如果有一天，你的老公回来跟你说："你看看××家的老婆，人长得漂亮，做饭又好吃，再看看你……"听完这样的话，你的第一反应，究竟是气得想摔盘子呢，还是决定奋起直追？估计大多数女人的正常反应都是想摔盘子吧。"己所不欲，勿施于人"，同样的道理，没有任何一个孩子喜欢被拿来跟"别人家的孩子"作比较。孩子是拥有独立人格的生命个体，是这个世界上独一无二的存在，也有着独一无二的个性和特点。真要拿孩子作比较，也应该是拿他的现在和过去比较，而不是与他人比较。

另外，父母想要改变孩子的性格，首先要做的功课是充分了解自己的孩子。只有在充分了解孩子个性和特征的基础上，才有可能"对症下药"，引导孩子朝着更好的方向去改变，否则漫无目的地改来改去，只会让孩子无所适从，甚至变成"四不像"。那么，问题来了，你了解自己孩子的性格类型吗？

著名的儿童心理医师格林斯潘在研究儿童性格的基础上，将儿童的性格类型分成了5个大类，分别是"活泼好动型""固执叛逆型""漫不经心型""自我型"和"敏感型"。我在这里给大家简要介绍一下这5种性格类型的特点。

01 活泼好动型

这种性格类型的孩子,比别的孩子具有更强烈的好奇心。他们性格开朗、活泼好动、兴趣广泛、表达能力强,往往会被看成是"具有号召力的人物"。但是这类性格特质的孩子,脾气容易急躁,缺乏持久的注意力和耐心,欠缺独立思考的能力。

要想改变这些孩子性格中的缺点,就需要根据他们的性格特点,有针对性地进行修正。比如,父母在陪伴孩子做作业时,不能任由他们去掌控自己的时间,否则他们很可能耗在那里,半天也写不了几个字。正确的做法是帮助他们制订一套严格的学习计划,让他们在规定的时间内完成布置的作业。引导这种性格的孩子,除了需要帮助他们制订计划之外,还需要对他们的行为进行适度限制,告诉他们行为的界限在哪里。另外,只要教育得当,这种性格的孩子会具有超强的创造力、观察力和同情心。

02 固执叛逆型

这种性格类型的孩子往往会表现得非常固执、叛逆、控制欲强,具体表现就是当父母跟他提意见的时候,他总喜欢跟父母对着干,不停地说"不"。

在教育固执叛逆的孩子时,父母一味打骂是不能解决问题的。虽然孩子可能一时会屈从于父母的指令,但下次遇到同样的问题,他依然会按照之前的办法去做,因为他并没有从内心接受父母的建议。面对这样的孩子,父母不妨考虑换一种方式去沟通,比如可以这样说:

"妈妈觉得你这样做可能更好一些，不信你试试看。"父母把建议给孩子之后，让孩子自己去考虑。或许，等你给了他想要的尊重之后，他真的会改变想法呢！

03 漫不经心型

这种类型的孩子，在理解他人话语、融入他人的时候存在一定的困难，表现为"慢热"。在教育"漫不经心型"的孩子时，父母需要投入极大的精力和耐心，以帮助孩子进一步提高注意力和敏感性。

帮助孩子提高注意力和敏感性的办法有很多。父母可以给孩子买一些可以锻炼注意力的玩具，比如买一些小珠子陪着女孩一起做手工，买一套乐高玩具陪男孩一起完成一个作品。这些游戏都需要孩子具有一定的注意力，经过一段时间的训练后，孩子的注意力和敏感性或许就会在不知不觉中得到提高。

04 自我型

这种类型的孩子平时喜欢独来独往，在集体活动中往往表现得比较自我。一般而言，自我型的孩子，往往在家庭中得到的关注比较多，在进入社会群体后，他们很难为了适应群体而做出牺牲和改变。如果父母发现自己孩子的性格中多少有些"自我"的成分，那么就应该反思一下自己在平时的生活中有没有娇惯孩子。如果有这种情况，父母应该适当放手，给予孩子一定的成长空间，鼓励孩子多参加集体活动，提高孩子的适应能力，这样才能让孩子的性格变得更加随和、开朗。

05 高度敏感的孩子

敏感型的孩子不善于表达自己的内心，别人不经意间的一句玩笑，都可能让敏感型的孩子感受到伤害。如果你的孩子性格敏感、内向，那么父母应该多带孩子出去走走，开阔一下孩子的眼界和视野。"面朝大海，春暖花开"，相信一个拥有了丰富见识的孩子，很难再在一件小事上钻牛角尖。除了开阔眼界之外，父母在与敏感型的孩子交流时，还要注意方式、方法，比如采取"多鼓励，少批评""多温柔，少暴躁"的教育方式，努力提高孩子的自信心。

因材施教，是每一个家长都要掌握的必修课，只有了解每一个孩子的性格特点，才能有针对性地加以引导和教育，任何时候都不要拿"别人家孩子"的模式硬往自己的孩子身上套。

高质量的陪伴，给孩子最需要的安全感

周末休息两天，你放下工作，终于有时间陪陪孩子了，可是你却是这样的：坐在餐桌边的你总是一边吃饭一边无意识地扫几眼手机；好不容易带着孩子去了游乐场，你把孩子安顿好，随口叮嘱孩子几句，然后便自己找一个舒适的角落去玩手机了；晚饭后，你打开电视，让孩子一集接一集地看动画片，而你仍然是坐在一边玩手机，一晚上就这么过去了。从形式上看，你的确投入了一整天的时间去陪伴

自己的孩子，但是从质量上看，这种"敷衍式"的陪伴几乎没给孩子的成长带来多大的好处。

我们提倡父母应该尽可能多地陪伴孩子，但这种陪伴并不是坐在孩子身边整天盯着手机看就行了。我们更倡导一种高质量的陪伴，这种陪伴并不要求父母每时每刻都陪伴在孩子身边，而是希望父母在陪伴孩子时能够专注和投入，能够真正走进孩子的内心，给予孩子充足的安全感和亲密感。

现代社会，很多父母都在外工作，想要24小时陪伴在孩子身边几乎是不可能的。但是，我们完全可以将自己的时间合理优化，拿出一部分时间来给予孩子高质量的陪伴，否则"形式大于内容"的陪伴，只会让亲子关系变得越来越疏远。下面我们来看一个案例。

清清是个6岁的小女孩，她有一个非常爱她的爸爸。爸爸为了陪清清，不仅取消了工作中的各种应酬，还把工作带回家来做。生活中，爸爸竭尽所能地满足清清的所有愿望，她想要什么礼物，哪怕只是随口一说，爸爸都会记在心上，过不了几天就会把礼物悄悄地放到她的面前。

可是，清清却对爸爸的意见非常大。原来，清清的爸爸虽然人在家里，却总是忙着工作。每次她在客厅玩游戏的时候，都希望爸爸能放下手里的工作，走过来陪她玩一会儿。可是，这样的场景一次也没有出现过。刚开始的时候，清清还会拉着爸爸的手撒撒娇，恳求爸爸能陪自己玩会儿游戏，可爸爸总会笑着告诉她："清清乖，你先自己玩会儿，等爸爸忙完工作再说。"时间久了，清清也变得非常知趣，只要爸爸一回家，她就自觉躲得远远的，再也不跟爸爸撒娇了。

案例中的清清爸爸认为自己非常爱女儿，为了陪伴女儿，甚至把工作拿回家来做。可是，在面对女儿玩游戏的邀请时，他总是以工作忙为理由推脱掉了。时间久了，女儿跟爸爸的关系不但没有变得更亲密，反而越来越疏远，女儿甚至都不愿意跟爸爸撒娇了。这其实是一种不好的言传身教，因为"陪着"并不等同于"陪伴"。

作家龙应台说过，父母是有保质期的，小孩是上帝给我们的礼物，当你不珍惜的时候，上帝就把这份甜蜜的礼物收回了。所以说，陪伴也是需要珍惜的。要知道，孩子在不同年龄阶段对陪伴方式的需求是不同的，你一旦错过了孩子这一阶段的成长，就再也没有机会去弥补了。

对于刚出生不久的婴儿，高质量的陪伴就是尽可能地给予他肢体上的抚摸和拥抱，近距离的肌肤接触能有效地减少宝宝的焦虑，可以让他获得满满的安全感；对于两三岁的幼儿，最好的陪伴方式便是陪他一起做游戏，比如玩沙子、躲猫猫、搭积木等，无论哪种游戏都可以，重点在于你要积极地参与进去；等孩子过了3岁，我们就可以陪他阅读和学习，在阅读和学习的过程中，孩子可以从父母身上学到许多良好的品性，比如认真、勤奋、坚持等。当然，无论哪种陪伴方式，最重要的一点就是全身心地融入孩子的世界，让他感受到你的存在。

我记得女儿5岁那年，突然对二十四节气产生了浓厚的兴趣。于是我和先生决定陪她做一件非常有意义的事情，那就是每到一个节气，我们便抽出一点儿时间带她去公园观察当天的动植物生长情况，回家后再将当天的气温、湿度、所见到的动植物的习性详细记录下来。此外，我们还鼓励女儿把她所感知到的节气特点用画笔画出来，她很乐意这样做。比如，夏至那天白昼时间最长，她就用稚嫩的画笔在"夏至"那一栏里画一个大大的太阳；冬至那天黑夜时间最长，她就用画笔在"冬至"那一栏里画一个大大的月亮。就这样，我们坚持了整整一年，终于陪伴女儿制作出了一张完整的二十四节气气候表。

此后的一天，女儿放学回家，激动地告诉我们："今天老师让大家背诵二十四节气歌，我不仅背得最快，而且对每个节气都了解得最多，老师表扬我了！"看着女儿激动的神色，我和先生都觉得这件事做得非常值。一年24个节气，算下来，半个月才一个节气，所需时间的确不多，但却需要用心陪孩子去了解。

除了用心陪伴孩子之外，父母有时还要开动脑筋，争取把陪伴的质量再提高一些。下面分享几个高质量陪伴孩子的小技巧，希望对大家有所帮助。

01 孩子提出的问题，要及时回应

高质量的陪伴，要求父母及时回应孩子提出的一切问题。孩子提出问题，相当于向父母抛出了一个互动的橄榄枝。这个时候，就算你不知道答案是什么，也要热情地抓住这个橄榄枝，积极地带着孩子一起动手查资料。千万别用一句冷冰冰的"不知道"，就把孩子给打发走，时间久了，孩子即便想找你说话，一想到你冷冰冰的态度，也会把到嘴边的问题咽下去。

02 抓住一切可以陪伴孩子的机会

生活中的陪伴其实无处不在，作为父母，我们要善于抓住一切可以陪伴孩子的机会。其实做家务时也可以高质量地陪伴孩子，比如，你扫地的时候让孩子帮忙擦桌子，你做饭的时候让孩子帮忙择菜。在一起劳动的过程中，孩子不仅能够体谅到父母的艰辛，还能够从家务活中找寻到生活的乐趣。女儿小的时候，我有时忙着做家务无法照顾她，就索性把她叫到身边，取一小块面团给她，让她自由地搞"创作"，随她捏出各种造型的小动物。每到这个时候，女儿都会乐呵呵地跑过来，眼睛里还闪着兴奋的光芒。其实，对于3~6岁的孩子而言，能和父母一起做家务是一件非常有趣的事情，只是这样的乐趣往往被很多父母忽略掉了。

03 特殊日子，仪式感也很重要

特殊的日子，仪式感是很重要的。每逢孩子的生日或"六一"儿童节，我们不妨做一回浪漫的父母，提前给孩子准备一些节日礼物或贺卡，让孩子拥有独特的节日体验。这一点对于平时很少有父母陪伴的孩子尤其重要。我女儿生日的时候，先生如果有工作无法陪在女儿身边，都会提前在网上给女儿订购一份生日礼物，然后在她生日当天准时送过来。女儿收到礼物，照样会激动得跳起来，这份惊喜一定程度上弥补了爸爸不在身边的遗憾。事实证明，偶尔的一次小浪漫或小惊喜的确会让亲子关系变得更美好，大家有机会不妨试一试。

真正高质量的陪伴，不是你玩你的游戏，我玩我的手机，而是努力走进彼此的内心，让对方感受到满满的幸福和温暖。缺乏高质量陪伴的家庭，即便父母付出了很多的时间和精力，也无法建立起亲密的亲子关系，所以真正的陪伴，一定是要用心的。

3岁不乖没有错，太乖要小心——警惕儿童孤独症

很多父母一提起自己淘气的孩子，总是摇着头抱怨说："宝贝，你要乖一点儿就好了，整天爬上爬下，跟个窜天猴一样！"可是，3岁的孩子淘气恰恰说明他的大脑发育和身体发育都是正常的，如果孩子表现得过于安静和乖巧，做父母的反而要保持警惕了。

现在，随着健康知识的普及，相信很多家长对"自闭症"（也叫孤独症）这个词肯定不会太陌生。无论在国内还是国外，孤独症都是一个难题了。早在2015年，《中国自闭症教育康复行业发展状况报告》的统计结果显示：中国的自闭症人群已经超过1000万，0~14岁的自闭症儿童达200余万，并且有逐年上升的趋势。孤独症是一种神经系统失调导致的发育障碍，主要表现为社交能力缺失、行为刻板（很多孩子会出现固定行为，如反复脱鞋、打自己等）、兴趣面狭窄。孤独症儿童喜欢沉浸在自己的世界里，很少跟别人有眼神交流，即使是最亲近的爸爸妈妈在喊他，也不愿抬眼看看；他们很难接受陌生的环境，面对陌生人会表现出极度的不安感；他们习惯于固化的生活，比如吃固定的几道菜、用固定的物品、看固定的电视节目、走固定的路

线。孤独症儿童的语言功能并没有缺失，他们能开口说话，但由于社交方面的障碍，他们大多时候都是在自言自语或说一些别人听不懂的话。

最可怕的地方在于，孤独症是无法通过产检筛查出来的。很多孤独症儿童在1岁之前看上去和正常婴儿无异，等到两三岁特征逐渐显露，父母察觉到孩子行为表现出现异样时，往往已经错过了最佳的干预康复时机。

所以，如果你发现自己的孩子眼神呆滞，无论大人如何逗引他都面无表情，或者你发现孩子经常独自坐在角落里一边喃喃自语一边重复玩着某个玩具时，千万不要单纯地认为孩子只是很乖而已。其实，孩子过度安静、乖巧有时候恰恰是孤独症的前兆，作为父母一定要保持警惕。

作为一个正常孩子的父母，我们是无法体会那些孤独症儿童的父母所承受的巨大心理压力的。正常孩子很快就能学会吃饭、大小便等基本生活技能，孤独症儿童可能学很多遍都学不会。所以，3岁左右的孩子，如果平时表现得活泼好动，像只窜天猴一样淘气，但是做事时又能够聚精会神，那么至少说明他是一个健康、正常的孩子。这正应了那句话：3岁不乖没有错，3岁太乖要小心。

如果你的孩子不是孤独症儿童，但他却表现得异常安静、乖巧、不合群的话，父母依然要保持一份警惕，因为这样的孩子有可能性格孤僻，同样需要父母花费精力引导。下面我们来看一个相关的研究。

1980年，伦敦精神病学研究所的卡斯比教授，同其他精神病学家对1000名3岁幼儿进行了面试，每名幼儿都被问了22个有关行为特点的问题。根据回答结果，研究人员将这些幼儿的性格分成了"充满自信""良好适应""沉默寡言""自我约束"和"坐立不安"5大类。

2003年，当这些孩子长到26岁时，专家们再次对他们进行了面试，结果发现：性格"充满自信"的孩子长大之后依然开朗、乐观，做事坚强、果断，具有较强的领导欲；被列入"良好适应"类的孩子长大之后依然表现得自信、适应性强，不容易心烦意乱；性格"沉默寡言"的孩子长大之后，往往要比一般人更倾向于隐瞒自己的感情，不愿意与他人交流，不敢从事任何可能导致自己受伤的事情；"自我约束"型的孩子长大后，性格和小时候一样自律；被列为"坐立不安"类的孩子，长大之后更易于对小事情做出过度反应，容易苦恼和愤怒，熟悉他们的人评价他们"不现实、心胸狭窄、容易紧张和产生对抗情绪"。

这个研究表明，孩子3岁之前形成的性格特质，会深刻地影响其在未来20年的性格走向。3岁时表现"太乖"的孩子，也就是研究中所说的"沉默寡言"类的孩子，他们在长大之后做事会畏首畏尾，不够独立和果敢，不敢接受任何可能让自己受伤的挑战；遇到事情不敢向外人倾诉，遇到分歧也不敢大胆表明自己的立场，总是顺着父母的意思行事。而小时候看上去"不乖"的孩子，长大后性格往往非常开朗、自信，具有很强的"自我意识"，他们敢于表达自己的意见，也敢于突破常规的事物，遇到陌生的环境也能很快地适应。

所以说，乖巧的孩子，小时候让父母省心省力，长大后却可能会让父母费心费力；而那些小时候"不乖"的孩子，长大后反而不用父母操太多的心，因为他们自己就能搞定麻烦事，很多时候不需要父母出面解决。看到这里，你还会抱怨自己的孩子不乖吗？

如果有一天，你发现自己的孩子过于"乖巧"，凡事都喜欢听从你的建议，那么你就应该时刻提醒自己注意以下几件事情。

01 不要过于强势

过于强势的父母，往往容易培养出一个性格懦弱的孩子。因为在日常生活中，强势的父母总喜欢管控孩子的一切，小到孩子穿什么颜色的衣服、吃什么水果，大到孩子参加什么样的培训班，他们都要亲自安排。若孩子有不同的想法，他们就拿出家长的姿态去压制他、教训他，时间久了，孩子的性格就会变得懦弱、内向，甚至一点儿个性都没有。所以从现在开始，强势的父母应该努力让自己变得"弱势"一些，你表现得越"弱势"，孩子的发展空间才会越大。

02 不要过于焦虑

过于焦虑的父母，总喜欢包办孩子的一切，担心孩子这也不行，那也不行。这样的父母，表面上看起来心思细腻、做事周到，所做的一切都是为了孩子着想，其实这既是他们自己的控制欲在作怪，也是对孩子缺乏信任的表现。长此下去，孩子会对父母产生依赖性，稍微遇到点儿挫折，就想着找父母帮忙，而不是自己先去试一试。其实有的时候，父母表现得"懒"一些，孩子反而会慢慢地变得独立、勇敢。

03 适当允许孩子"叛逆"

不要因为你的孩子在叛逆期没有明显地叛逆而沾沾自喜，实际上，一个不曾真正叛逆过的孩子永远都不能算作真正地长大。无论是行为上的叛逆，还是思想上的叛逆，缺少任何一种经历，孩子都不可能获得真正的成长。3岁是孩子人生中第一个至关重要的叛逆期，当你的孩子勇敢地对你说出"不"字时，你应该为他的表现而感到高兴，因为这恰恰说明他有了可贵的"自我意识"。

总而言之，一个太乖的孩子，总是比一个不乖的孩子容易产生更多的问题。作为父母，你应该为自己拥有一个"不乖的孩子"感到庆幸，而不是烦恼。

3岁入园期，如何对待孩子的分离焦虑

女儿程程3岁初入幼儿园时，没有哭哭啼啼，我内心窃喜，看来女儿的适应能力还是比较强的。之所以这么说，是因为我在幼儿园门口碰到一些赖在妈妈怀里哭着不愿进去的孩子，其中有一个孩子竟然哭得都呕吐了，她的妈妈一脸焦灼地大吼道："你每天这么哭，妈妈都快要崩溃了，你知不知道！"

相比之下，程程的表现就真的令我们感到欣慰了。可是，就在我们以为程程即将开始一段开心的幼儿园时光时，我却突然接到了幼儿园老师打来的电话。老师在电话中问我："程程平时在家是不是频繁上厕所？"我先是一愣，然后连忙否认。老师接着说："可是她在学校总是隔一会儿就想去上厕所，而且午休的时候总是不睡觉。"接完老师的电话，我的第一反应就是"糟了，女儿开始出现分离焦虑了！"

　　其实，初入幼儿园的孩子或多或少都会出现一些"分离焦虑"的现象。因为孩子平时很依恋自己的父母，当他需要离开熟悉的家人，独自进入到一个陌生的环境中时，就会表现出焦虑和恐惧的情绪。随着孩子慢慢长大，当他从父母身上获得了足够的安全感时，他才有能力战胜这种"分离焦虑"。轻微焦虑的孩子可能会哭哭啼啼、恐惧不安，而有些焦虑过度的孩子，甚至会出现不吃、不喝、不玩的现象，把全部的心思都放在"找妈妈"上面。

　　幼儿园开学刚刚两周，形形妈妈却感觉自己仿佛经历了漫长的一个世纪。因为形形每天早起上幼儿园时都会哭闹不止，非要拉着妈妈陪她一起上学，每次妈妈都会使出浑身解数安慰好半天，形形才会哭哭啼啼地走进校园。好不容易熬过了两周，形形哭得没那么凶了，可是却突然高烧不退。与此同时，她们班里还发生了一个奇怪的现象：形形所在的小班一共20来个孩子，已经陆陆续续有6个孩子请病假了。形形妈妈和其他家长聊天说起这个问题时，大家都感觉孩子进入幼儿园以后，好像比在家里更容易生病了。

　　为什么小班的孩子更容易生病呢？其实这跟孩子的"分离焦虑"也有一定的关系。对于初入幼儿园的孩子而言，"分离焦虑"是会相互传染的，当一个孩子因为想妈妈而号啕大哭时，其他孩子也会跟着哭成一片。处于"分离焦虑"之中的孩子，如果没能及时得到抚慰的话，很可能会出现生理上的应激反应，导致抵抗力下降，从而出现感冒、发烧、肚子疼等症状。所以如果孩子一旦出现了"分离焦虑"的情绪表现，那么父母一定要及时进行干预，否则不仅会让孩子对入园产生强烈的恐惧心理，还容易生病。

面对孩子的"分离焦虑"，父母切忌用生拉硬拽或者批评、打骂的方式逼迫孩子乖乖上学，这种做法只会加重孩子的不安感，让孩子的"分离焦虑"更加严重。所以父母在处理孩子的"分离焦虑"问题时，一定要采取循序渐进、耐心引导的方式，让孩子慢慢懂得一个道理：爸爸妈妈并不会因为你上学了就会离开你。

为了缓解女儿的"分离焦虑"，我做了几方面的尝试，事实证明，这些做法都可以很好地缓解孩子的"分离焦虑"情绪。女儿经过一周时间的调整之后，很快就适应了幼儿园的生活，频繁上厕所的焦虑现象也彻底消失了。下面我们再来看几个具体方法。

01 多带孩子熟悉一下幼儿园

当孩子进入一个完全陌生的环境时，他的焦虑会成倍增加。因此，为了削弱孩子的陌生感，父母应该在入园前带着孩子提前熟悉一下幼儿园的环境，让他对即将进入的陌生环境有一个心理上的适应过程。不仅如此，父母还可以趁着周末带孩子假装无意间路过他的幼儿园，然后装作惊喜的样子问孩子："哇，这是你的幼儿园吗？怎么这么漂亮啊！"反复多次之后，孩子就会在心里形成一种暗示：我的幼儿园这么漂亮，我真为它感到骄傲。

02 父母应该提前让孩子掌握一些生活技能

事实上，一个适应能力很强的孩子进入幼儿园后并不会表现得特别焦虑。因为他在家里已经掌握了很多生活技能，能够独自入睡、如厕、吃饭。除此之外，他还懂得遵守许多行为规则，比如要按秩序排队，午休时不能大声说话……当他掌握了这些生活技能和行为规则之后，即便离开熟悉的家庭环境，也能很好地适应幼儿园里的生活。所以，为了缓解孩子的"分离焦虑"，父母不妨提前在家里教孩子掌握一些必备的生活技能，避免孩子进入幼儿园之后因为生活习惯落差太大而表现得紧张、焦虑。

03 父母要告诉孩子，放学后他一定能看到爸爸妈妈

从心理学的角度而言，孩子之所以会产生"分离焦虑"情绪，一个关键的因素就是欠缺战胜"分离"的能力，当他在"分离"之后无法确保能和父母再次"团聚"时，就会产生强烈的不安感。因此，为了消除孩子的这种不安感，父母一定要坚定地告诉孩子："等你放学后，爸爸妈妈一定会来接你。"从而让孩子明白，他离开爸爸妈妈只是暂时的事情，等他放学之后依然能够见到爸爸妈妈。为了巩固这种安全感，父母不妨在孩子初入园期间，每天放学时尽量早点儿出现在幼儿园门口，让孩子一出来就能看到爸爸妈妈的身影。

04 孩子放学回家后，听他讲讲学校的事情

"宝贝，能把今天在幼儿园的事情讲给妈妈听吗？"放学回家的路上，父母应该引导孩子讲讲学校发生的趣事。当孩子讲完这些趣事

之后，父母一定要及时夸夸他、抱抱他，让他觉得上幼儿园其实也是一件很有意思的事情。如果孩子说，他今天在幼儿园过得并不开心，那么父母一定要询问孩子不开心的原因是什么，然后努力帮助孩子化解这些"心魔"，否则任凭这些"心魔"积存在心里，只会让孩子对上学这件事情变得越来越排斥。

05 父母不能因为孩子哭闹就心软

焦虑是会传染的，不仅孩子之间会相互传染分离的焦虑，父母和孩子之间也会相互传染。一个3岁的孩子，他已经能够很清晰地感受到父母的情绪和态度了，如果父母表现得泰然自若，孩子的焦虑情绪也会跟着慢慢平息下来；如果父母表现得紧张、焦虑，那么孩子也会跟着父母一起变得紧张、焦虑。所以，在缓解孩子的"分离焦虑"情绪方面，父母可以说是孩子的"定海神针"。当孩子提出"不想去幼儿园"的要求时，父母一定要淡然处之，千万不能被孩子的情绪牵着鼻子走，该拒绝时就坚决拒绝，否则一时的心软只会让孩子第二天上学时变得更加痛苦。这时候，父母不妨用轻松的语气安慰孩子："每个小朋友都要上幼儿园，为什么要哭呢？"当孩子看到父母坚决而淡然的态度时，自然也就不会把分离这件事看得太严重。

总之，当孩子出现"分离焦虑"的情绪时，父母一定要抱着理解的心态去对待他们，努力用耐心和包容帮助孩子度过这段艰难的分离时光，等孩子慢慢适应了幼儿园的生活，再进园时他自然就会笑着向你挥手说"再见"。

这个阶段的孩子"多动"，大多不是"多动症"

我常听幼儿园小班的老师抱怨说："小班的孩子太难带了，每天要花一半多的时间来维持课堂秩序，一天下来，嗓子都快喊哑了！"小班孩子之所以难带，除了他们年龄小不懂事之外，还跟他们特殊的身心发育特点有关系。3岁左右的孩子正处于"自我意识"萌发期，这一时期也是孩子成长发育过程中的第一个叛逆期，具体表现就是喜欢说"不"，凡事都喜欢自己做主，不愿意接受老师和父母的安排。比如，老师想让他坐在自己的座位上认真听讲，但他感觉跟旁边的小朋友聊天比较有意思，于是便会自顾自地跑过去聊天，无视老师的提醒。

面对特别好动且无法管束的孩子时，老师可能会建议父母带孩子去医院进行"多动症"筛查，以确定孩子是否存在问题。一听到"多动症"，很多家长表现得恐慌、焦虑，不知自己的孩子到底只是活泼好动还是真的存在这种注意力缺陷与多动障碍。

为了彻底解决这个困扰，我们首先需要了解"多动症"究竟是怎么一回事。"多动症"又称注意力缺陷与多动障碍，是脑功能轻微失调导致的一种综合征，在儿童中比较常见，且男孩的发病数是女孩的3倍。多动症儿童往往会出现以下几种特征：注意力容易被一些细微的事物所吸引，思想容易开小差；特别好动，活动的频率明显高于一般儿童，很难安静下来从事某一项活动；做事比较冲动，偶尔会有危险行为或破坏性动作，严重时甚至会出现伤害他人的行为。

有一点需要注意的是，多动症儿童的智力基本上跟正常儿童无异，所以家长很难通过智力去判断自己的孩子究竟是不是"多动症"，这无形中加重了家长的恐惧心理。于是，一些焦虑的家长就会下意识地把自己孩子的行为往"多动症"上面靠。比如，有的妈妈会说："哎呀，我的孩子上课也容易开小差，经常爬上爬下，像只猴子一样，莫非他这样的行为真是多动症？"其实，完全没必要如此草木皆兵，妈妈只需用心对比一下，就会明白正常的好动与"多动症"之间是有显著区别的，下面我们具体来看一下吧。

首先，活泼好动的孩子虽然也有思想开小差、注意力不集中的表现，但是当他面对自己感兴趣的事情时，能够安静下来去完成这件事情；而患有"多动症"的孩子几乎没有什么兴趣爱好，无论何时何地，他们都无法集中精力去做任何一件事情。

其次，活泼好动的孩子做事情时具有一定的目的性和计划性，而患有"多动症"的孩子做事情时常常杂乱无章、有始无终，没有目的性和计划性。

再者，活泼好动的孩子在教育引导下，能够具有一定的自我控制力，他们能逐渐安静下来，不再吵闹；而患有"多动症"的儿童缺乏自控能力，无论别人说多少遍，他们都无法让自己安静下来。

客观而言，活泼好动是孩子的天性，不仅可以让孩子充分发挥身体的运动能力和自由探索能力，还有助于促进孩子早期的身体发展和智力发育，所以我们完全没必要把一个3岁的孩子培养成一个循规蹈矩的"机器人"。但如果孩子表现得过于好动，也会对他今后的学习和生活产生一定的负面影响，比如，长期无法集中精力学习，他的学习成绩将很难提高；长期自由散漫，不受课堂纪律约束，孩子也会逐渐养成懒惰、自私、消极的习惯，这对他的成长非常不利。鉴于此，我们非常有必要纠正孩子过分好动的不良习惯，将他的行为限定在一个合理的范围内。

在纠正孩子的不良行为方面，我们不能一味地依靠老师的批评教育，父母的正确教育和引导也是关键。

01 带领孩子进行适当的户外活动

一个孩子，如果他体内的能量没有得到及时地释放，那么他必然会寻找各种机会释放出来，具体的表现就是上课时跑来跑去，一会和这个同学聊两句，一会又和那个同学玩一会儿。在这种情况下，父母不妨带领孩子进行一些户外活动，比如跳绳、跑步、打球等，这些户外活动不仅有利于培养良好的亲子关系，还可以帮助孩子释放掉体内多余的能量，让他没有过盛的精力在课堂上"上蹿下跳"。

02 给孩子制定一些必须遵守的行为规则

俗话说得好，"无规矩不成方圆"。作为父母，我们允许孩子适当地释放天性，但前提必须得在一个合理、适度的范围内，否则任由孩子自由散漫地成长，必然会对他正常的生活和学习造成一定的困扰。为了避免出现这样的问题，父母应该给孩子制定一些详细的行为规则。如果你想让孩子遵守这些行为规则，一个重要的前提是需要制订配套的奖惩措施，当孩子遵守了这些行为规则时，父母可以通过奖励玩具或者带孩子外出游玩的方式强化他的这些行为；如果孩子违反了这些行为规则，父母也要及时对孩子进行处罚，比如让他单独在房间静坐反思或者禁止他一周内看动画片等。相信经过一段时间，孩子会形成清晰的规则意识。

03 帮孩子开发一些提升注意力的活动

平时在家里，如果孩子表现得过于活泼好动，那么父母不妨和他一起做一些能够让他提升注意力的小游戏。比如，父母可以和孩子一起下围棋。围棋不仅可以让好动的孩子迅速安静下来，同时也非常有助于提高孩子的注意力。另外，和孩子一起做手工也是提升注意力的一个好办法。父母可以从网上买一些空白的扇面，让孩子在上面自由创造；还可以买些涂色的沙画，让孩子坐在那里，一点点地把颜色涂好。如果你没有时间陪孩子一起做这些，还有一个最简便的方法，就是给孩子一页白纸，让他在上面想画什么就画什么，只要他能安静坐下来就好。

总而言之，3岁孩子"多动"，并不意味着他就是"多动症"患者，只要他在合理的范围内"好动"，我们就不要过多地干涉他。

培养孩子好性格，离不开和谐幸福的家庭氛围

家庭是孩子来到这个世界上的第一个避风港，家庭氛围的好坏直接影响着孩子的性格塑造。如果家庭氛围温馨幸福，那么孩子的性格就可能开朗、乐观、活泼；如果家庭氛围不和谐，父母经常吵架、冷战，那么孩子就容易缺乏安全感，性格也会变得暴躁、自卑。

在孩子成长的过程中，有些父母总是不停地抱怨"你怎么是这样的性格"。其实，这些父母在抱怨孩子的时候往往忽视了很重要的一点，那就是作为父母的我们，究竟给了孩子什么样的家庭氛围，又给孩子树立了什么样的榜样呢？这个问题，值得所有父母静下心来好好想一想。

如果说家庭是孩子人生中的第一个避风港，那么父母则是这个避风港里最重要的守护者。父母的相处方式、个人修养、认知水平、价值观念等，都会对孩子的性格发展产生极其深远的影响。可以说，孩子是映射父母的一面镜子，我们从孩子的性格特质里，可以窥见他所成长的家庭环境、家庭氛围以及父母的行事风格和教养方式。所以说，我们不喜欢什么样的孩子，就得告诉自己首先不要成为那样的父母。

我大学时的一个同学，学习能力非常强，每次的考试成绩都特别优异，按理说她应该非常自信才是，但是恰恰相反，她非常自卑，自卑到每次参加集体活动她都会选择独自坐在角落，不跟任何人说话。

我总感觉，她活得像个隐形人，有时候在与人合作过程中出了错，她总是先自我否定，心理负担特别重。

有一次我跟她聊天，她无意间跟我说起了童年的一个故事，我听了这个故事之后，对她的性格多少有些理解了。

4岁那年，妈妈带她去商场买连衣裙，当时一款裙子有红、蓝两种颜色，她第一眼就喜欢上了蓝色的裙子，这条蓝裙子胸前还点缀着一朵好看的小白花。但是她的妈妈坚决不同意她买蓝色的那件，认为蓝色的一点儿都不适合女孩穿。在妈妈的观念里，女孩就应该穿红色和粉色的衣服。那天，为了买到那件心爱的裙子，她哭着央求了妈妈大半天，但强势的妈妈始终都没有答应。后来，她忍不住反问了妈妈一句："为什么你可以穿蓝色的衣服，我就不可以？"此时，感到威严受到挑战的妈妈冷冷地说了一句话："你翅膀硬了，竟然敢跟我顶嘴，今天你不跟我道歉的话，一条裙子也别想买！"

她说，这样的事情发生的次数多了之后，她逐渐明白了一个道理，那就是妈妈做的所有决定都是对的，妈妈买的任何东西都是好的。

可想而知，在这样专制的家庭氛围中长大的孩子，心里该多么缺乏安全感。可以说，她长大后所显现出来的性格缺陷，与她糟糕的家庭氛围以及不明智的父母有着直接的关系。

没有人天生就是好父母。每个人从成为父母的那一天开始，都应该保持一份谦逊的态度，努力学习成为更好的父母，这样才有可能培养出一个自信、乐观、开朗的好孩子。

美国心理学家戴安娜·鲍姆林德根据父母对待儿童的情感态度是

接受还是拒绝，以及父母对儿童的要求和控制程度强弱两个维度，将父母分为了专制型、纵容型、权威型、忽视型4种类型。不同类型的父母分别对应着不同的家庭氛围及教养方式，在不同家庭环境下长大的孩子也会形成不同的性格特征。

下面我们就来具体看看这几种类型的父母究竟会给孩子的性格造成怎样的影响。

01 权威型父母

权威型的父母会通过制定严格的奖惩措施来奠定自己在孩子心中的权威地位，他们绝不娇惯、溺爱孩子。在情感上，他们多采取温暖的育儿方式，愿意以平等的身份与孩子交流对话，尊重孩子表达意见的权利，积极肯定孩子取得的成绩。在权威型的教养方式下，亲子之间的关系往往更为融洽，双方发生冲突的概率也比较小。在这种平等、民主、有爱的家庭氛围下长大的孩子，性格方面也会比较独立、自信。

02 专制型父母

专制型父母多采用专制、粗暴的方式教育孩子，他们平时不会尊重孩子自己的意愿，经常在生活中贬低、讽刺、挖苦孩子。在惩罚孩子时，不是根据事情的对错做出相应的奖惩，而是根据自己的心情随心所欲地教育孩子。在这种压抑的家庭氛围及专制、粗暴的教养方式下长大的孩子，非常缺乏安全感，也容易与父母发生激烈且频繁的亲子冲突，长此以往，孩子也容易变得焦虑、自卑、消极。

03 纵容型父母

纵容型父母比较溺爱孩子，很少会对孩子提出要求，平时任由孩子做自己想做的事情，哪怕孩子的行为触犯了社会规则，他们也会采取放任和纵容的态度，听之任之。在由纵容型父母所主宰的家庭里，父母往往比较"惧怕"孩子，父母和孩子之间的地位是不平等的，家庭氛围也谈不上幸福和谐。在这种家庭氛围下长大的孩子往往缺乏独立性和责任心，他们遇到麻烦首先会"指挥"父母去解决，而不是自己独立地去解决这些问题。在家庭中，由于孩子一直处于被照顾、被关注的角色，长此以往，他们将会变得自私、任性，常常以自我为中心，很少站在对方的立场上考虑问题，缺乏同情心。

04 忽视型父母

忽视型父母对孩子缺乏基本的关爱与照顾，当孩子向父母提出要求或主动跟父母交流时，父母习惯于流露出冷漠、不耐烦的态度。在这种教养方式下长大的孩子，性格往往比较冷漠、自私，在与人交往时也具有较强的攻击性。

毫无疑问，在这4种父母类型中，权威型的父母显然是最受孩子欢迎的，由他们所主宰的家庭氛围往往会呈现出民主、自由、和谐的特点，孩子在这种家庭环境中不仅能够更健康、幸福地成长，也更有助于塑造出相对完美的性格特质。

在现实生活中，父母们不妨对照以上4种父母类型进行一下自我评价，看看自己究竟属于哪种类型。在教育孩子的过程中，我们应该时刻以权威型父母的养育方式作为榜样和参考，及时调整自己的教育方式，努力给孩子营造一个平等、民主、和谐、幸福的家庭氛围。

第 3 章

幼儿园 3 年，
孩子必备的 7 种性格

//

　　孩子进入幼儿园之后，就要慢慢学习各种规则，并学会遵守各种秩序，不能再随心所欲地以自我为中心了。当然，父母仍然是这一阶段最为重要的教育者和引导者，要抓住时机帮助孩子塑造更好的性格，这将会对孩子未来的学习、生活产生非常重要的影响。

自信——需从幼年培养

如果有人问我最希望孩子具有的优良品性是什么，我会毫不犹豫地回答是"自信"。因为自信的孩子会发光，他站在哪里，哪里就会璀璨夺目。

我们做事应该低调、谦逊、内敛，可是，过分的谦虚和低调，反而会影响我们的自信。

我记得上小学时，学校组建的合唱团缺一名学生指挥，于是老师便让大家踊跃报名。可是大家你看看我，我看看你，几乎没有人举手，就在空气安静得快要凝固的时候，突然有一名女生站了起来。她径直走到前面对老师说："老师，我觉得我可以当好这个指挥。"

这个女孩从来没有学过指挥，其他方面也不够出众，但是她在站起来的那一刻，浑身充满了自信的光芒。后来合唱团表演的时候，她站在舞台中央做指挥，美得简直像只白天鹅。

从那一刻开始，我才相信自信真的可以让人发光。正如大文豪萧伯纳的那句名言："有信心的人，可以化渺小为伟大，化平庸为神奇。"作为一个妈妈，我特别希望我的女儿有一天也能展现出自信的光芒，相信这也是很多父母所期望的。

可是，要培养一个自信的孩子并非易事，这需要父母从多个方面进行教育和引导。当孩子犹豫、退缩的时候，你要坚定地告诉他"你可以"；当孩子害羞地躲在你的身后，不敢跟其他人说话的时候，你要带他走进人群，努力提升他的社交能力；当孩子取得了一点小小的进步时，你要成为那个最热情的观众，卖力地为他鼓掌。总之，想培养出一个出色的孩子，你首先要做一个出色的家长。

爱因斯坦的妈妈是一位聪明、勤奋的妇女，同时还是一位出色的钢琴家。有一次，妈妈带爱因斯坦去郊外游玩，别人家的孩子都在一起嬉闹，唯独爱因斯坦一个人默默地坐在河边。

朋友问爱因斯坦的妈妈："你的孩子为什么一个人在发呆，是不是精神有问题呢？"爱因斯坦的妈妈十分自信地说："我的孩子没有任何毛病，他正在思考这个奇妙的世界，他将来一定会成为一位了不起的教授。"这位自信的妈妈还鼓励爱因斯坦要尽自己的所能探究、质疑世界。

爱因斯坦曾经说过这样一句话："在一个崇高的目标支持下，不停地工作，即使慢，也一定会获得成功。"爱因斯坦在物理研究方面的自信心，与母亲对他的信任和鼓励是分不开的。当别人嘲笑他行为怪异的时候，如果连他的妈妈都认为他精神有问题，他日后又如何能在物理方面取得如此巨大的成就呢？所以说，每个自信的孩子身后，都站着一对坚信他可以成功的父母。如果连父母都不相信自己的孩子，别人又如何能给予他足够的鼓励和信心呢？

爱与鼓励可以给予孩子很多信任感，然而要想得到一个自信的孩子，光有爱和鼓励是远远不够的。作为父母，我们要从生活的每一处细节做起，努力将孩子培养成为一个充满自信的孩子。

科学研究表明，孩子的自信心会随着年龄的增长不断得到提升。对于一个3~6岁的孩子，4岁是他自信心形成的关键期。家长一定要抓住这个机会，对孩子多鼓励、多表扬，少嘲笑、少挖苦，让孩子变得自信满满。

在日常生活中，我们不妨通过以下几种途径来增强孩子的自信心。

01 适当放手，让孩子自己做主

生活中有些小事，我们让孩子自己做主，让他意识到自己是一个独立、有主见的孩子。就拿买衣服这样的事来说，如果同一件衣服有好几种颜色，我们就可以让孩子选择自己喜欢的颜色，即使我们认为那种颜色不好看也要"违心"地夸赞他有眼光，因为和孩子的自信相比，一件衣服的颜色好不好看并不重要。

02 在家里留出空间陈列孩子的作品

为了提高孩子的自信心，我们不妨在家里给孩子留出一些空间来陈列他自己的作品，让他感觉自己像个优秀的艺术家。我女儿程程从小就喜欢画画，她一度自豪地认为自己是一个伟大的"画家"。为了保护她的自信心，我们把家里的客厅、餐桌，还有餐柜都预留了很多空间，让她来随意展示自己的作品。平时看到这些作品，她更坚信自己未来可以成为一个伟大的"画家"了。同样，如果你的孩子在某一方面有兴趣爱好，你也完全可以在家中留出一块空地让他来陈列自己的作品，让他收获满满的自豪感。

03　让孩子感觉自己是被需要的

一个时刻能感受到被别人需要的孩子，一定会充满自信。所以父母应该学会在孩子面前适当地"示弱"，偶尔求助孩子帮帮忙，让他感觉自己也是被别人需要的。比如，家里养的花每周需要浇一次水，你可以问问孩子能不能每周帮你浇浇花；家门口的拖鞋总是摆放得乱七八糟，你也可以问问孩子愿不愿意每天把它们摆放整齐。不要忽略生活中这些不起眼的小事情，孩子在主动帮助父母做事情的过程中，会感受到自己的价值。

04　鼓励孩子当众表演节目

孩子在家人面前表演节目，是一个培养孩子自信心的有效办法。在周末晚上，大家围坐在一起，鼓励孩子给大家表演一些节目，唱歌、跳舞、朗诵都可以，只要孩子能勇敢地走到大家面前，我们就应该为他鼓掌欢呼。一个能够在众人面前从容大方地表演节目的孩子，自信心是不会差的。

05　引导孩子坦然看待自己的不足

每个孩子身上都有优点，也有不足。作为父母，我们要引导孩子坦然看待自己身上的不足，鼓励他不要惧怕别人的嘲笑。一个敢于面对自己不足的孩子，才算得上一个真正自信的孩子。可以这样告诉孩子："不要让别人的言语来左右你的心情，如果别人笑话你长得丑，千万不要哭哭啼啼的，别难过，你只需昂起头，骄傲地告诉对方'我觉得自己很漂亮'就可以了。这个世界上，没有人可以让你感到自卑，除了你自己。"

另外，在教育孩子的过程中，千万别对孩子说诸如"你太笨了""你很差劲"这些负面的话语。要知道，帮助孩子建立自信心需要我们付出很多的心血和精力，而摧毁一个孩子的自信心只需要几句否定的话就可以做到。所以说，父母要不断提升自己的修养和耐力，任何时候都不要让自己的言行成为扼杀孩子自信心的元凶。

开朗——让孩子变活泼开朗的3种方法

孩子的天性大多是活泼开朗的，他们走起路来蹦蹦跳跳，说起话来叽叽喳喳。实际上，我们也很少看到一个几岁的孩子表现得老气横秋、郁郁寡欢。如果孩子出现了这样反常的状况，父母就应该反思一下，你的教育方式和家庭环境是否对孩子的性格造成了一定的负面影响。

其实，培养孩子开朗、乐观的性格并不需要太多的技巧和方法，父母本身的性格特质、情绪状态、教养方式都可以对孩子产生直接的影响。在一个家庭中，如果家庭氛围特别和谐、幸福，家长的性格也都开朗、大方，那么孩子出现郁郁寡欢的情况就会比较少见。

事实上，孩子身上的很多问题都可以从父母身上找到影子。如果你想让自己的孩子变得乐观、开朗，那么你首先得让自己变成一个乐观、开朗的父母。可现实情况是，很多父母在与孩子相处时都带着强烈的情绪，他们在工作中遇到了挫折和委屈，回到家里就会把这种负面情绪传递给孩子。其实，孩子"察言观色"的能力是非常强的，当他发现父母的脸色非常难看时，就会下意识地调整自己的行为方式，小心翼翼地去讨好正处于发怒边缘的父母。长此以往，孩子在这样压抑的氛围下就容易变得敏感、焦虑和情绪化。

真正明智的父母，能够把外界的负面情绪和压力通通隔绝在家庭和孩子之外，即使内心有再难言的悲伤，也会努力在孩子面前呈现出积极乐观、幽默风趣的一面。

电影《美丽人生》是一部震撼心灵的战争片。影片讲述了在第二次世界大战大背景下，一家普通的犹太人被送进了纳粹集中营。父亲为了保护儿子的心灵不受伤害，千方百计地为儿子编造了一个美丽的谎言。他告诉儿子，纳粹集中营其实是一个大型游戏场所，他们在这里进行的每一项任务都是为了完成一个游戏，遵守游戏规则的人最终能获得一辆真正的坦克。集中营的生活非常悲惨，但是这位父亲依然在儿子面前保持着幽默和乐观的心态。他小心翼翼地呵护着儿子的童心，即便最后被纳粹分子带走枪毙时，他依然装作快乐的样子，大步流星地向前走去，淡定地提醒儿子要遵守游戏规则，千万不要从铁柜里走出来。

这位父亲是伟大的，他的伟大之处在于能把纳粹集中营里发生的十分悲惨的事情转化为一场和儿子的游戏比赛。与这位父亲相比，我们在生活中所承受的压力根本不值一提。当扭头看着孩子天真灿烂的笑脸时，你有没有觉得能够守护住孩子开朗、乐观的天性，其实是一件非常神圣的事情？

然而，不是所有的父母都有保护孩子童心的自觉性，在各种压力面前，很多父母都变成了情绪的奴隶。

有个女孩说她的父亲是一个喜怒无常的人，脾气非常暴躁，每次在工作上遇到什么不顺心的事情，他都会把脾气带到家里来，将怒气发泄到自己的亲人身上。所以她在小时候挨了父亲不少打，挨打的原因不是她不够乖巧、不听话，而是因为父亲的心情不好，看她不顺眼。从小在这种压抑的家庭氛围下长大，她慢慢变得极其敏感和压抑，对任何事情都特别在意。有时候别人只是无心的一个玩笑，她都会觉得对方是在挖苦她，然后心情就会瞬间变得不好。长大之后，她遇到事情，会不由自主地学着父亲发脾气的样子来发泄心中的怒气。

她这样其实就是"情绪模仿"的一种结果。如果孩子长期在这种压抑、情绪化的家庭氛围下成长，他也会变得敏感、情绪化，而长期处在这种负面情绪之中，极易导致性格异常。

这种糟糕的事情其实并不少见，我们经常能从新闻中看到。有些孩子小小的年纪就出现了抑郁症的倾向，当他们承受不了生活或学业所带来的压力时，也可能会选择跳楼轻生。其实，这种消极悲观的情绪状态，多少都与父母平时的做事风格、情绪状态有一定的关系，如果父母能够笑对人生，淡然处事，孩子多半也不会消极悲观。

如果一个孩子连乐观积极的心态都没有，那么即便他将来的学习成绩再优异，他也很难拥有快乐的人生。所以我们在教育孩子时，一定要时刻反思教育的终极目标是什么。

父母要想让孩子的性格变得活泼开朗，除了要学会控制自己的情绪，努力给孩子营造一个和谐幸福的家庭氛围之外，还可以通过其他方式来保护孩子的心灵不受伤害。

01 父母应尽可能保护孩子的童心

孩子的童心是非常宝贵的，一个能保持童心的孩子，性格多半也会乐观、开朗。作为父母，我们不妨想一想，如果时光退回到童年，我们最想要的生活是什么？其实，我们在童年所想要的生活，也是孩子所想要的。因此，下次如果孩子认为这个世界上有圣诞老人时，那么父母不妨配合孩子，等孩子睡着之后，在他的床头放一个小玩具，悄悄地告诉他这是圣诞老人送来的礼物。以我的女儿为例，她经常想象自己是一只独角兽公主，因此我们就买了好几身公主裙作为礼物送给她。看到她穿上裙子，挥舞着魔法棒很开心的样子，我们也会发自内心地替她感到高兴。

02 教会孩子善于听懂别人的玩笑话

一句无心的玩笑话，在性格开朗的孩子眼里可能并不算什么，可是在性格敏感的孩子眼里，他可能觉得对方是在嘲笑自己。作为父母，我们要教孩子学会听懂别人的玩笑话，比如别人叫孩子"小吃货"时，你应该告诉孩子完全没必要生气，让孩子明白别人只是觉得他的吃相非常可爱而已。除了教育孩子要听懂别人的玩笑话之外，父母还应该引导孩子善于将他人的"恶意"看作玩笑话，告诉孩子即便有时候对方真的是在嘲笑他，那也无所谓，把这些话当作玩笑话就可以了。还要告诉孩子，有时候你不把他们的"恶意"放在心上，他们反而会非常失落。当孩子有一天具备了能听懂玩笑话的能力时，他的内心自然就会变得强大很多。

03 帮助孩子疏导他的负面情绪

生活中，孩子难免会有负面情绪，作为父母，我们应该引导孩子学会正确疏导负面情绪。我们可以告诉孩子，伤心的时候，可以通过大声哭泣来发泄自己的情绪；生气的时候，可以尝试用平静的语气来稳定自己的情绪状态，比如可以告诉对方"你的行为让我感到生气了，下次最好别再这样做了"。我经常跟女儿说："有任何事情你都可以说出来，学会用语言去表达自己的情绪，而不是乱发脾气。"

情绪就像一面镜子，当你对着它微笑的时候，它也在对着你微笑；当你对着他哭泣的时候，它也在对着你哭泣。父母和孩子之间的情绪也是如此，你开朗、快乐了，孩子也会学着你的样子开朗、快乐起来。

专注——培养孩子注意力的5个技巧

大家有没有发现这样一种现象：当孩子沉浸在他所喜欢的动画片里时，父母喊他吃饭喊了好几遍，他却依然一动不动地坐在电视机前，似乎完全听不见声音。这时候，有的父母就会非常生气，认为孩子是假装听不见，好让自己多看一会儿动画片。其实这可能是对孩子的一种误解，他只不过将注意力高度集中在了他所喜欢的动画片上面，而下意识地"屏蔽"了其他的事情。这也说明孩子在看动画片时是非常专注的。

有的家长就会有疑问，为什么孩子看动画片时非常专注，一旦开始学习就心猿意马，一会儿要喝水，一会儿要上厕所，反正不会静下心来学习。其实，这涉及"被动专注"和"主动专注"的问题，当孩子在看动画片的时候，动画片中的图片、声音都是提前设定好的，它们源源不断地进入孩子的大脑，孩子不用思考就能接受到这些信息。但是学习就不一样了，学习要求孩子将注意力集中到复杂的题目上面，还得通过主动思考才能理解题目的含义。如果孩子精力不集中，就很难沉浸到学习当中，于是就会通过喝水或上厕所这样的琐事来打发时间。

科学研究证明，注意力跟孩子的年龄有一定的关系。一般而言，3岁左右的孩子，他的平均注意力大约能维持9分钟；4岁左右的孩子，他的注意力大约能维持12分钟；而5岁的孩子，他的注意力差不多也就维持在14分钟左右的时间。所以说，我们在教育孩子的时候，一定要顺应孩子的身心发育特点，不要让孩子做一些超过他年龄范围的事情。对一个3岁的孩子而言，他的注意力只能维持9分钟左右，你却要求他一节课30分钟都坐在那里一动不动，这太严苛了。当然，如果你的孩子到了3岁左右，注意力跟其他同龄孩子相比差很多的话，那父母就需要格外注意了。下面我们来看一个案例。

瑞瑞3岁半了，他9月份刚刚进入幼儿园小班。进入小班不久，瑞瑞的妈妈就被老师叫到办公室谈话了。老师说，上课期间其他小朋友都能安静坐着，只有瑞瑞一个人坐不到5分钟就开始满教室地跑跳。老师对瑞瑞的妈妈说："回家最好能训练一下孩子的注意力，否则会影响正常的课堂纪律"。

瑞瑞的这些行为，正是注意力不足的典型表现，急需通过专门的训练来提升。在探讨提升注意力的方法之前，我们不得不先来了解一下人类的"视觉注意力机制"。举个例子，人类在看到一张图像时，能够通过眼睛快速扫描全局，大脑再从全局中确定自己需要关注的目标，然后视觉中枢就会投入更多的注意力资源从里面筛选出有价值的细节信息。视觉注意能力越强，那么筛选细节信息时的效率也会相应越高。因此，为了提升信息处理的效率，我们就需要通过训练来不断提升视觉注意力。视觉注意力机制为我们探讨孩子的注意力问题提供了一个很好的路径。容易分心的孩子，他的主要问题就是视觉注意力有所欠缺，当面对复杂的事物时，他无法快速将有限的注意力资源分配在特定的目标上。

值得庆幸的是，视觉注意力是完全可以通过后天的训练得到提升的，下面我就来给家长推荐几个可以提高视觉注意力的好方法。

01 舒尔特方格训练法

舒尔特训练法通过锻炼孩子的视神经末梢来提高视觉的辨别力。舒尔特方格是一张正方形的卡片，里面有5个方格，格子里随意写上了1~25的数字，这些数字的顺序是凌乱的。使用舒尔特方格训练法时，可以让孩子用手指将1~25的数字按照顺序一一找出来。在寻找这些数字时，孩子的注意力需要高度集中起来。通过反复训练，孩子寻找数字的速度就会越来越快，孩子调动注意力资源的能力也能得到不断的提升。

02 顶盘子游戏

如果孩子做事情总是3分钟热度，父母还可以尝试顶盘子游戏。父母可以准备一个塑料盘子，然后和孩子一起进行顶盘子比赛。在用头顶盘子时，身体需要保持不动，否则盘子就会从头顶滑落。这个比赛可以让孩子长时间地保持静坐姿势，孩子静坐的时间越长，他做事情的注意力就会越强。

03 数字连线游戏

数字连线就是把所有的数字全部打乱，然后孩子需要根据这些数字的正确顺序用笔把它们连接在一起。网上有许多数字连线的图片，父母可以把这些图片打印下来，让孩子有空的时候做一做这个游戏。数字连线的机动性非常强，1~10、1~20，甚至更难的题目都有，父母可以根据孩子的能力选择适合他的题目来做。

04 拼装玩具

父母不妨给孩子买几套拼装玩具，带领孩子一起动手组装。在组装玩具的过程中，孩子需要开动脑筋布局和调整，同时需要花费很大的精力才能将这些零部件分别组装在合适的位置，直到它们成为一个完整的玩具。没有拼装完的玩具就像一个充满诱惑力的诱饵，不断吸引着孩子集中精力，将它一点点地拼装起来。我在家门口的位置放了一个茶几，茶几上放满了零零碎碎的拼装组件。女儿有空的时候经常坐在茶几旁边，把这些小零件组装成汽车、飞机、城堡等好玩的模型。她一旦专心起来，有事喊她，她也听不见，我认为这种方式对提高她的注意力而言的确非常有效。

05 图画描色

我所说的图画描色，不是说给孩子一张白纸，让他随意去涂涂画画，而是给他买一张很大的图画，这种图画上面已经用密密麻麻的线条画好了轮廓。孩子要做的事情就是，用水彩笔将线条中间的空白部分根据自己的喜好涂上不同的颜色。我就给女儿买了这样的一张大图画，这张大图画放眼望去就像是一幅儿童版的《清明上河图》。女儿经常趴在地上，花费近两小时的时间才能涂完其中的一小部分。这时候，她的大脑里只有颜色搭配，根本无暇去考虑其他的玩具，我认为这也是锻炼她注意力的好方法。

注意力完全可以通过后天的训练得到提高，已经有无数的例子证明过这一点。总之，只要孩子坚持训练，相信他的注意力一定能得到提高。

独立——自己的事情一定让他自己做

我接女儿放学的时候，班级群里突然弹出一个消息，说女儿的作业本落在学校门口，被别的家长捡起来了，第二天会帮忙带到学校。

我马上问女儿："作业本是怎么弄丢的？"

"下课匆忙，作业本来不及塞进书包，我就拿在手上，结果弄丢了。"女儿解释道。

"明天老师问你怎么没有写作业怎么办？"我追问女儿。

"妈妈，你可不可以帮忙给老师发条信息，就说我不小心把作业本弄丢了，明天晚上把作业补上可以吗？"女儿哽咽地向我求助。

我承认，那一瞬间看着女儿可怜兮兮的模样，我犹豫了，正准备掏出手机发信息的时候，理智告诉我这样做是不对的。如果我这次帮女儿解决了麻烦，她会不会觉得这是一件无所谓的小事，反正妈妈会向老师解释。

我可不想让她养成丢三落四的坏习惯，更不想让她认为妈妈是个超人，所有的麻烦都可以出面帮她搞定。

想到这里，我告诉女儿："本子是你自己弄丢的，妈妈觉得这件事情应该由你主动跟老师解释一下比较好。"

"可是，万一老师批评我怎么办？"

"批评你也该虚心接受啊，毕竟是你弄丢本子在先。"我劝慰女儿，"下次时间再紧张，你也该把本子放到书包里再走出来，不然还会丢。"

"那好吧，我自己跟老师解释一下，再跟老师说明天晚上把作业补上。"

"嗯，不错。自己的事情自己去处理，这点妈妈必须得表扬你一下。"我捏了捏闺女的小脸蛋，表扬道。

其实，孩子的独立性不是一下子培养出来的，是通过吃饭、穿衣、洗漱这些点滴的小事培养起来的。要知道，3岁之前的孩子已经有了独立意识的萌芽，看到他会主动学习吃饭、走路、睡觉等，父母应该对孩子的独立行为进行鼓励和表扬，从而让他对"独立"产生更大的兴趣。

3~6岁是培养孩子独立性的关键时期，父母应该放手让孩子去做力所能及的事情。如果父母不能满足甚至压制孩子的独立要求，那么孩子独立活动的机会相对就会减少，而他的独立意愿和独立能力也会逐步减弱。

我们应该从依赖性和顺从性两方面去综合考量孩子的独立性，当一个孩子的独立性不足时，包含两方面的含义：一是说明孩子对父母的依赖性强，二是说明他们对父母的顺从性高。

首先我们来谈谈孩子的依赖性。

心理学上有一个概念，叫作"依赖型人格"。意思是，如果一个人身边有第二个人可以依赖，那么他就会习惯性地依赖这个人去做某事，久而久之就会形成依赖型人格。如果这个人的依赖心理超出了正常限度的话，就会出现依赖型人格障碍，这种人格障碍多源于幼儿时期，往往是由于父母的过度溺爱造成的。比如，父母包办了本该由孩子完成的事情，长此以往，孩子就会丧失独立解决问题的能力。

然而，过度依赖的危害不仅限于此。拥有依赖型人格的孩子，在长久的依赖过程中，会产生一种错觉，他会认为所有的事情都应该由父母帮助自己去完成。在这种心理作用下，他对父母的付出怀有的不是感恩心态，而是一种理所应当的心态。

一位妈妈带着女儿坐地铁去机场，结果不小心乘错了车。气愤的女儿在众目睽睽之下狠狠地踢向了自己的妈妈，而妈妈不仅没有责备女儿，还反过来不断地安慰女儿。当时这位妈妈背着一个大背包，手里还拉着两个大行李箱，然而女儿的手里却空空如也。

这样的母亲，其实可怜又可恨，她用溺爱生生地把孩子宠成了一个四体不勤，而且脾气火暴的"巨婴"。试想，一个连背行李都要依赖父母的孩子，还指望她进入社会后能有多强的独立性？

其次，我们来谈谈孩子的顺从性。

一个缺乏独立性的孩子，往往习惯于顺从别人的意愿，缺乏自我思考、自我执行、自我决策的能力。

一般在溺爱型的教养方式下，孩子因为有可以依赖的父母在身边遮风挡雨，所以他不需要有自己的想法和主见，凡事只需交给父母解决即可。长此以往，他们就会逐步丧失独立解决问题的能力。

而在专制型的教养方式下，孩子往往会屈从于父母的权威而不敢表达自己的意愿，父母说什么就是什么，他们不敢轻易反抗。

通过前面的分析，我们可以得出一个结论：对父母过度依赖的孩子和对父母顺从性强的孩子，都会表现出较差的独立性。因此，如果我们想要培养孩子的独立性，那么就要学会放手，让孩子独立去做自己的事情，不要让他们对父母形成过度的依赖；与此同时，还应该给予孩子一定的自主权，不必凡事都要求孩子顺从父母的意愿。

具体到生活中，我们可以从以下几方面入手去培养孩子的独立性。

01 民主是培养孩子独立性的前提

一般而言，在一个相对民主的家庭环境下，孩子的独立性能够得到很好的发展。这是因为民主的家庭通常会把孩子视为一个独立的生命个体，父母会鼓励孩子去做自己力所能及的事情。小的时候允许孩子尝试穿衣吃饭，哪怕孩子把衣服全部弄脏，父母也不会生气；等孩子进入幼儿园之后，他们吃什么，穿什么，和谁玩，玩什么，这些事情基本上都交给孩子自己去选择，父母不会随便干涉孩子的事情。

02 允许孩子表达自己的合理诉求

在传统的家庭中，父母通常是发号施令者。在父母眼里，听话的孩子最乖巧，当孩子提出不同意见时，父母认为孩子这是在对抗父母的权威。其实，独立的最高境界是思想独立，一个拥有独立思想的孩子，未来才有可能爆发出强大的创造力。当孩子敢于跟父母说"不"的时候，我们不要着急、生气，而应该放低姿态，认真倾听孩子的想法，如果他的想法确实更好，那不妨把决定权交给他好了。

03 不要溺爱孩子

对孩子的爱应该有个限度，要让孩子知道自己力所能及的事情必须自己做。幼儿园阶段的孩子，需要知道穿衣、吃饭、学习、交朋友这些都是他的个人事务，如果父母教育得当，他是很乐于独立去处理这些事情的。随着年龄的增长，他所需要处理的个人事务的范畴也会越来越广泛。比如，和小朋友发生摩擦应该怎么办，作业本丢了之后如何向老师解释，这些事务都需要他自己去面对和处理。如果父母过度帮助孩子，就容易把本属于孩子的个人事务通通包揽过来，替孩子完成。这种做法一方面会打击孩子走向独立的积极性，另一方面还会让孩子混淆个人事务和父母事务的界限。

幼鹰长大之后，母鹰会狠心地将它推下山谷，幼鹰在向山谷坠落的过程中会拼命拍打翅膀，从而学会飞翔。我们教育孩子也是如此，要敢于放手让孩子独立去做自己的事情，这样他以后才能飞得更高、更远。

勇敢——别让孩子做懦弱的胆小鬼

勇敢，是孩子在幼儿园阶段应该养成的一个很重要的性格特质。勇敢的孩子，身上会散发出一种积极向上的正能量，无论遇到任何事情，他都会勇往直前，成为人群里最耀眼的那颗星星。

很多父母口头上经常鼓励孩子"要做一个勇敢的孩子"，可是一遇到实际问题，就会不由自主地去过度保护孩子，担心孩子在幼儿园里被小朋友欺负，担心大人不在身边的时候孩子会哭鼻子……在父母这种全方位的呵护下，孩子的确得到了很好的照顾，但同时也丧失了独立性和变勇敢的机会。

有一天，我在接女儿放学回家的路上，碰到了同班的一个小男孩正扑在妈妈的怀抱里伤心地哭泣。妈妈蹲在地上，一边抚摸着孩子的额头安慰，一边慌乱地掏出手机。

小男孩哭哭啼啼地问："妈妈，我的彩笔被同学拿走了怎么办？"

妈妈安慰他说："别着急，你明天到班里问问，谁拿了你的彩笔，让他还给你就是了。"

小男孩接着抽噎道："我不敢问，你帮我问。"

妈妈听完，毫不犹豫地拿出手机编发了短信，没一会儿，我在女儿班级群里就看到这位妈妈发出了这样一条信息："各位家长好，我替王鹏（化名）问一下大家，今天在上课的时候，谁借走了他的那支蓝色水彩笔。孩子现在非常伤心，麻烦让你家孩子明天记得把水彩笔带过来。"

妈妈看到孩子在伤心地哭泣，难免都会表现出焦虑的情绪，我非常能理解这种心情。但是在这种情况下，这位妈妈正确的做法应该是鼓励孩子第二天到学校亲自去找同学要回水彩笔。这样做，将有助于锻炼孩子的胆量和社交能力，下次孩子在面对困难的时候，他的第一反应就会是想办法去解决问题，而不是扑在妈妈的怀里哭哭啼啼。

如果平时仔细观察，我们不难发现，一个被父母过度保护的孩子性格中难免会有一些懦弱和娇气。因为他遇到困难时完全不需要自己面对和解决，只需哭一哭，父母就出手帮他解决了一切麻烦。久而久之，他就会变得依赖成性，甚至形成懦弱的性格。如果你发现自己的孩子稍微碰到点儿小挫折就畏缩不前，对老师的提问从来不敢举手发言，对老师组织的班级活动也不敢主动参加等情况，那么就应该好好反思自己在平时的教育中是否存在溺爱孩子、袒护孩子的现象。如果存在这些现象，父母就应该适度放手，让孩子勇敢地去面对一些困难和挑战。

下面我们一起来看一个案例。

形形今年3岁半，前不久刚刚进入幼儿园。以前妈妈对形形呵护有加，可以说是"含在口里怕化了，捧在手里怕碎了"。这种过度的保护，造就了形形胆小、怕生、做事被动的性格。在路上碰见熟人，形形都会害羞地躲在妈妈的身后，不敢看对方的眼睛。

现在形形上了幼儿园，原本就有些焦虑的妈妈变得更加紧张了。她每天都担心形形在幼儿园里被别的小朋友欺负，于是渐渐养成了随时查看幼儿园监控的习惯。只要有空，她就会下意识地拿出手机查看监控，看看女儿有没有遇到一些问题。过了一段时间，她发现女儿在课堂上表现得非常拘谨，老师让所有小朋友坐在凳子上不要乱跑乱跳，形形就会像雕塑一样一动不动地坐在那里。她还发现，中午吃饭时，有的小朋友觉得饭菜不够就会主动举手找老师添加饭菜，可是女儿自从入园以来从未主动找老师添加过饭菜，除非老师走过来主动询问形形要不要加饭菜。更严重的问题是，每次老师在课堂上提问题时，别的小朋友都会举起手来踊跃回答，但是形形却一次手也没有举过。看到女儿这样的

表现，彤彤妈妈变得更加焦虑了。

案例中的女孩彤彤胆小、怯懦，这与妈妈过度呵护的教养方式有着直接的关系。无论从彤彤妈妈以前的表现，还是从她后来不停翻看女儿班里的监控录像都能看出来，她的内心充满了担忧和焦虑。时间久了，这种担忧和焦虑就会给孩子一种心理暗示：这个世界充满了危险，我需要时刻保持警惕，来确保自己的安全。

在这种心理暗示下，孩子会表现出不安和恐慌。当老师要求不许乱动时，她害怕自己乱动会招来批评和责骂，于是就乖乖地坐着一动不动；当老师提问时，她因为害怕自己回答错误而遭到老师批评和指责，就会选择不举手的方式来保护自己。这样的情况如果持续下去，对孩子的性格将会产生极大的负面影响。要知道，幼年时的经历对一个人性格的形成影响巨大，如果孩子在幼年时期没有获得足够的安全感，那么长大后他就会变得自卑、懦弱，遇事没有主见。所以，彤彤妈妈要做的事情就是及时改变自己过度焦虑的状态，改变过度呵护孩子的教育方式，鼓励孩子积极地回答老师提问，积极地参加班级活动，慢慢地孩子就会变得勇敢起来。

除了不要过度溺爱孩子之外，在日常的生活、学习中，父母完全可以通过一些行之有效的训练来让孩子变得更加勇敢。下面我们来看看这些办法吧。

01 鼓励孩子说话时注视对方的眼睛

古希腊神话中有一个蛇发女妖，名叫美杜莎，凡是看见她的眼睛的人皆会被石化。这虽然是个神话，但也说明眼神是具有神奇的力量的。因此，父母不妨从眼神训练入手，培养孩子的勇敢品性。仔细观察，我们不难发现，一些胆小、怯懦的孩子在与别人说话时，经常会不自觉地低下头看地面，不敢直视对方的眼睛。因此，父母在平时的生活中可以鼓励孩子在说话时注视对方的眼睛，提醒他不要低头，不要躲闪，并用正常语调说话。相信经过多次练习之后，你会发现孩子大胆、自信了许多，在与人交往时也不会表现得那么紧张、恐惧了。

02 鼓励孩子主动和对方打招呼

许多胆小的孩子，在日常生活中，往往都不敢主动和别人搭话，即便是遇见了熟人，他们也很少会主动迎上前去微笑着跟对方打一声招呼。作为父母，不妨从现在开始鼓励孩子主动走上前去，向小区门口的保安师傅说声"谢谢"；鼓励孩子放学时主动和身边的同学招招手说声"再见"；鼓励孩子在路上遇到熟悉的亲朋好友主动问候一下。我的女儿程程两岁时见到人也比较害羞，我就尝试了这个办法，事实证明非常有效，现在的她不用我提醒，就能大大方方地走上前去跟每一个认识的叔叔阿姨打招呼。我相信一个能够主动迎上前去和对方打招呼的孩子，性格上不会太懦弱。

03 想方设法拓展孩子的交际圈

孩子除了学习之外，也需要拥有一定的交际圈。在平时的生活中，我们应当鼓励孩子在幼儿园里多交好朋友，鼓励孩子多跟小朋友一起嬉戏玩耍，这样孩子在游戏、活动的过程中，自然而然地就能学会各种沟通的技巧。当然，在这种情况下，如果妈妈能做个"神助攻"，偶尔做点儿小饼干，买点儿小礼物，鼓励孩子带出去与其他的小朋友一起分享，孩子更能从分享的过程中体验到与人交往带来的乐趣。

勇敢的品性是可以被训练出来的。当你有意识地鼓励孩子主动去和人接触、交往，有意识地引导孩子尝试自己去解决生活中遇到的小麻烦时，你会发现，你的孩子在不知不觉中已经变得勇敢了许多。

坚韧——抗挫能力培养，从娃娃抓起

女儿上幼儿园时，每天下午我都会准时去幼儿园门口接她。有一段时间，我注意到小班门口有一位妈妈，她每天放学接回女儿的时候都要吃力地抱着女儿走回家，她的脸颊为此而憋得通红。我好奇地问这位妈妈为何不让孩子下来自己走路，她尴尬地笑了笑说："孩子走一会儿就喊累，然后赖在我怀里不下来。"

我女儿所上的幼儿园离我们家步行大约需要20分钟的时间，整整两年的时间里，女儿每天跟在我的身旁，蹦蹦跳跳地自己走路回家，很少要求我抱她。我认为这样做一来可以锻炼她的身体，二来可以磨炼她的意志。刚上小班那几天，女儿也曾撒娇让我抱她，但我想到连走路都觉得辛苦的孩子，太没出息了，于是我坚决拒绝了。

一个不能吃苦的孩子，是很难培养出坚韧性格的。我这里所说的"吃苦"，包含两方面的含义：一种是身体上的"吃苦"，另一种则是精神上的"吃苦"。在父母的娇惯下，很多孩子连身体上的苦都吃不了，又如何能够承受精神上的苦呢！

孩子放学走几步路，父母就心疼得要把孩子抱回家；孩子稍微淋几滴雨，父母就心疼得拿上换洗衣服赶去学校……其实父母大可不必这样娇惯孩子，因为在孩子未来的人生道路上，走几步路，淋几滴雨，这样的小事与他所要经历的人生挫折和困难比起来，都算不上什么。

从另外一个角度来讲，在父母的娇惯下，孩子也吃不了精神上的苦，具体表现就是孩子的抗挫能力非常差，很容易精神崩溃。比如，老师在学校批评孩子几句，说话重了，有的孩子可能就会跳楼自杀，等等。

为了减少这种悲剧的发生，父母就应该让孩子从小磨炼出坚韧的性格，舍得让孩子在身体和精神两方面都"吃点儿苦"，锻炼孩子的抗挫能力。

坚韧的含义除了"吃苦"之外，还应该包含另外一个重要的内容——"坚持"。很多伟大的成就，都是靠一点一滴积累起来的。中国有句俗话叫作"万事开头难"，就是说事情在最开始的时候往往是很困难的，努力迈过第一道坎，继续坚持下去，那么成功的希望就会很大。

说到这里，我想到了一个"挖水井"的漫画：一个叼着烟嘴的男人扛着铁锹在挖水井。第一口水井，他挖了三分之一的深度，没有见到水，他就放弃了；第二口和第三口水井，他挖了三分之二的深度，没有见到水，也放弃了；第四口水井差一铁锹的距离就能挖出水了，结果他还是放弃了。当然，最后他前功尽弃，没有一口井挖出水。

这个漫画告诉我们，坚持到底有多么重要。既然认定了一个目标，中途无论遭遇什么样的困难和挫折，我们都应该有坚持下去的勇气和毅力。遇到困难就退缩，永远也无法取得成功。

史蒂夫高中时是学校橄榄球队的明星，可是当他进入杨百翰大学之后，却只是学校橄榄球队的陪练。史蒂夫心灰意冷，于是他给父亲打电话说："教练都不知道我的名字，我只是一个给后卫陪练的工具，这太可怕了，这根本不是我期望的，我想回家。"但是，史蒂夫的父亲却说："你可以退出，但你不能回家，因为我不想和一个逃兵生活在一起。你从小就知道这一点，所以你不能回来。"听完父亲的话，史蒂夫只好留在学校继续训练。此后的每一天，他都早出晚归练习橄榄球，付出了比别人多出数倍的努力。功夫不负有心人，到大三时，史蒂夫终于成为杨百翰大学的首发四分卫，在大学最后一年，他被授予全美最优秀四分卫的大奖——戴维·奥勃良奖。在史蒂夫的训练生涯中，他动摇过好几次，但是每次都被父亲坚决拒绝了。

在父亲的严格要求下，史蒂夫最终放弃了退学的打算，他经过刻苦训练，最终取得了成功。这个故事可以给我们一个深刻的启迪：当孩子遇到困难找我们诉苦的时候，我们千万不能因为一时心软就纵容孩子轻易放弃。孩子在退缩的时候，最需要的不是父母的理解和支持，而是一份理智的规劝，规劝他继续坚持下去，直到成功。等孩子迈过这个难关，他再回头看一看，反而会感激当时那个不放弃、不退缩的自己。

"吃苦"和"坚持"是培养孩子坚韧性格的重要内容，但这些做法也要讲究方式、方法，不是认准了什么事情，就得一股脑地扎进去。以下几点问题，是我们在帮助孩子培养坚韧的品性时，需要格外注意的。

01 激发兴趣才是坚持下去的动力

兴趣的产生一般有两种途径：一种是先天就有的兴趣，另外一种是靠后天激发出来的兴趣。如果孩子天生就对某件事情感兴趣，那么不用父母催促，他自己就会主动坚持到底。而另一种兴趣是在长期的培养之后才逐渐产生的。举个例子，孩子刚开始的时候并不喜欢打篮球，后来在父亲的带领下坚持打了两年篮球，结果竟然慢慢喜欢上了这项运动。这种兴趣就是靠后天的磨合培养起来的，多少有点儿"日久生情"的意思。这个例子告诉我们，兴趣就跟感情一样，是可以通过后天的培养激发出来的。如果孩子不喜欢做某件事情，而这件事情恰恰会对他的未来发展有意义，那么这种情况下父母不妨采取"迂回战术"，先花些时间，慢慢培养孩子的兴趣。如果经过一段时间的培养，孩子对这件事情依然不感兴趣，那么父母也就没必要强迫孩子继续坚持下去。

02 最好让孩子选择一项体育运动

体育运动是培养孩子坚韧性格的良好途径，我认为每个家长都应该给孩子选择一项能够坚持下去的体育运动，比如跑步、羽毛球、跳绳等。另外，我们要告诉孩子，既然选择了这项体育运动，那就应该坚持练习，不要轻言放弃。坚持一年以上，你就会发现孩子已经在潜移默化之中变得坚韧了许多。

03 父母应该成为孩子坚韧的榜样

父母应该成为孩子坚韧的榜样，当我们鼓励孩子咬牙坚持一件事情的同时，也应该让孩子看到我们咬牙坚持的态度。我认为父母应该让孩子看到自己至少有一件事情是坚持了多年的，这件事情可以是阅读，可以是跑步，甚至可以是努力工作等。如此，我们在教育孩子的时候，起码可以自豪地说："你看爸爸（妈妈）在做这件事情的过程中，遇到了多少困难和挫折，但我依然坚持到了现在，没有退缩，也没有放弃。你难道不应该向爸爸（妈妈）好好学习一下吗？"这就是在运用榜样的力量和作用来教育孩子。

我经常跟女儿提起这样一句话——"吃得苦中苦，方为人上人"，希望她在生活、学习各方面磨炼自己的意志，把自己变成一个性格坚韧的女孩。孩子的性格可塑性非常强，你可以把他养成温室里娇嫩的花朵，也可以把他养成凌寒开放的蜡梅，这主要看你选择的教养方式是什么。

自律——管得住自己的孩子才会更优秀

如果有人问我轻松育儿的法宝是什么，我会毫不犹豫地回答:让孩子学会自律。让孩子学会自律实在是一件事半功倍的事情。吃饭的时间，不用父母追赶着喂饭，孩子就能够自己坐在饭桌前乖乖吃饭；该上床睡觉了，孩子能够自己洗漱睡觉；写作业的时候，不用父母歇斯底里地怒吼，孩子就能主动按时完成作业。这样自律的孩子，谁不喜欢呢？

2019年，广西高考状元杨晨煜以优异的成绩考入了清华大学。在分享儿子的学习经验时，杨妈妈说了这样一番话："我和孩子的爸爸并不是什么高才生，智商和大家差不多，也没有什么特殊的方法去教育孩子，更没有让孩子过多地上辅导班。如果让我说孩子到底为什么这么争气，在我看来，对于杨晨煜帮助最大的，应该就是让他从小养成了好的习惯，让他学会了自律。"

所以说，自律习惯的养成，是孩子学习生涯中至为重要的一步。然而，理想是完美的，现实却是残酷的。培养孩子的自律习惯，绝对不是口头上喊喊就能实现的，这需要父母在孩子的每一个成长阶段，都能帮助他养成良好的生活习惯和学习习惯。

2~3岁是孩子的秩序敏感期，具体表现为孩子在生活方面有非常强烈的顺序感。比如，他习惯了晚上睡觉之前要先洗澡，再讲故事，最后关灯，那么他每天都必须严格按照这个程序做完所有的事情，才能顺利地上床睡觉。细心的父母可能会发现，偶尔有一天睡觉时间太晚，跟孩子商量能否不讲故事直接去睡觉，孩子的反应大多是哭闹，抗议。

对于这一点，我深有体会。女儿两三岁的时候，我和先生每天晚上在女儿睡觉之前，都会给她讲一本故事书。有天晚上时间太晚了，我们便商量着第二天讲两本作为补偿。但是我们发现，当女儿躺在被窝里之后，突然抽咽着说道"不讲故事睡不着"。我和先生哭笑不得，最终还是爬起来给她坚持讲完了那本故事书，女儿这才心满意足地呼呼睡去。

这种表现，恰恰说明孩子在两三岁的时候已经具备了一定的秩序感和规则感，他知道自己在什么时间应该做什么事情。对于孩子的这种秩序感，父母不应横加指责，相反应该抓住孩子的秩序敏感期，帮助孩子养成良好的自律习惯。

如果孩子在3岁之前能掌握基本的生活规则，比如饭前要洗手，看电视要有时间限制，出门前要自己穿好衣服和鞋子，那么有一天等他进入幼儿园后，他自然也会遵守幼儿园的规矩。如果孩子进入幼儿园之后无法顺利适应幼儿园的规则，上课的时候大喊大叫，吃饭的时候追逐打闹，那么父母就应该反思自己平时在家里和孩子相处的时候，是否忽略了孩子良好生活习惯和行为规则的培养。

在培养孩子的自律习惯方面，家长和学校一定要相互配合。父母不能在孩子在家的时候放纵他，等孩子进入学校后又要求老师严加看管，这种割裂式的教养方式，只会让孩子的规则意识越来越淡薄。

要想督促孩子养成良好的自律习惯，除了父母和老师要相互配合、共同帮助孩子之外，孩子遵守规则的自觉性也是非常重要的。这种自觉性表现在不用父母督促引导，不用老师批评教育，孩子就会主动去遵守规则。孩子遵守规则的自觉性建立起来以后，他自律的习惯才算真正养成了。这样的孩子在今后的学习生活中，不用父母、老师催促，他自己就能独立、自觉地完成作业。

那么，如何引导孩子建立遵守规则的自觉性呢？对于3~6岁的孩子而言，通过游戏的方式帮助他建立这种自觉性是一种非常有效的方法。下面我们先来看一个案例。

公园一角，有位妈妈在草地上铺了一张垫子，然后在上面摆放了几只布娃娃。不一会儿，几个小女孩就走过来，各自拿起一个娃娃玩耍。玩了一会儿之后，她们觉得单独玩耍没有意思，便想一起玩"过家家"游戏。这时，一个女孩开口说："我来当爸爸，谁来当妈妈？"这时另外一个女孩举起了手说："我来当妈妈吧。"接下来，更多的女孩加入进来，大家开始一起制定规则，讨论"妈妈"干什么，"爸爸"干什么，"娃娃"干什么。一个有趣的"过家家"游戏就这样开始了。游戏的过程中，几个女孩还设想了送宝宝上幼儿园、和宝宝一起做亲子游戏等情节，丰富了游戏的内容。

大家玩得正开心的时候，有个女孩提出想带"娃娃"到水里洗澡。她的这个提议立即遭到了其他女孩的反对，大家一致认为带"娃娃"去水里洗澡是一件非常危险的事情。可是这个女孩坚持要把"娃娃"带到水里去洗澡，于是其他女孩跟她说："那你自己去玩吧，我们不欢迎你。"

这是非常常见的"过家家"游戏场景，在这个场景中蕴含了丰富的规则意识。儿童心理学家皮亚杰认为，游戏规则是由儿童们自己商定的，一旦确定了规则，参加的人就有义务遵守。因此，我们鼓励孩子多参加一些群体游戏。在游戏的过程中，孩子们会自发制定规则，然后自发去遵守规则，完全不用父母和老师的督促和引导，这是一种有效培养孩子遵守规则自觉性的好办法。

在这里，我想跟大家分享一些能够提升孩子遵守规则的自觉性的小建议，以便孩子更好地培养自律习惯。

01 带领孩子一起玩"区角游戏"

"区角游戏"是幼儿在特定游戏区域所进行的某种特定活动，涉及的内容很广泛，包括角色游戏区、积木区、玩沙玩水区、语言图书阅读区、美工区、操作区等，这和我们现在在游乐场看到的分片活动区域非常相似。比如，很多游乐场都会设置"厨艺区"，让孩子们一起学做饭，还有"医护区"让孩子们穿上医生或护士的服装一起给"娃娃"看病。"区角活动"能够促进幼儿自主参与活动，自主制定游戏规则，自己解决问题，非常有助于培养孩子遵守规则的自觉性。

02 带领孩子外出进行规则实践

实践可以加深孩子对规则的切身感受，父母应该带领孩子出门感受。女儿小时候，我会有意识地带她出去坐公交车、地铁或带她去图书馆借阅图书等。在乘坐公交和地铁之前，我会告诉她一些乘车规则，比如在车上不能吃零食，不能大喊大叫，不能跑来跑去；在图书馆时要保持安静，不能大声说话等。事实证明，女儿坐了几次公交车、地铁，进了几次图书馆之后，就对这些社会规则有了更深刻的理解。后来，只要外出乘车或去图书馆借书，不用我提醒，她自己就会自觉遵守这些规则。

培养孩子没有捷径，一个优秀的孩子，应该具备良好的自律能力。作为父母，我们与其花费时间跟孩子"鸡飞狗跳"地周旋，不如用恰当的方式引导他学会自我管理。

第 4 章

在社交中，
培养孩子良好的性格

//

　　幼儿园是孩子接触的第一个"小社会"。在这个"小社会"里，孩子之间有可能会发生各种各样的矛盾和冲突。比如，有的孩子爱"打"人，有的孩子会被别人"打"，有的孩子喜欢"抢"别人的玩具……面对这些问题，父母不必过多插手，尽量让孩子自己去处理，从而让孩子在这些冲突中学会与人交往。

幼儿园是孩子踏入的第一个"小社会"

有一次，我带女儿去公园玩，遇到了一个4岁的小女孩，她当时没有去幼儿园上学。她的妈妈说，孩子一年上幼儿园的费用是3万元左右，去了幼儿园，孩子也就是多几个小朋友一起玩玩罢了，还不如用这些钱让她上个好点儿的课外辅导班。

为了证明孩子不去幼儿园的好处，这位妈妈自豪地告诉我："我女儿虽然没去幼儿园，但我在家教她认字，现在已经能认二百多个字了，一点儿都不比上学的孩子差。"

说实话，这位妈妈的说法我不敢苟同。在孩子成长的过程中，学习并不是最重要的事情，让孩子养成良好的行为习惯，具备人际交往、情感表达、自我管理的能力，从而更好地融入社会、更幸福地生活，才是教育的终极目标。

要实现这些目标，光靠父母的陪伴和教育是远远不够的。孩子应该有属于自己的交往圈子，他在这个交往圈子中可以学会遵守规则和秩序，也能通过与他人的交流不断修正自己的思想和行为，从而更好地融入社会。3~6岁的孩子正处于交往和情感发展的敏感期，父母应该将孩子送入幼儿园里，与老师相互配合，共同促进孩子的健康成长。

幼儿园作为整个教育系统最基础的一环，是孩子开启正式学习生涯的踏板，也是孩子接触到的第一个"小社会"。作为父母，我们一定不能忽略幼儿园在孩子成长过程中的重要作用。

有记者曾问过诺贝尔物理学奖获得者卡皮察这样一个问题："在您一生中，最重要的东西是在哪所大学、哪个实验室里学到的？"没想到，卡皮察的回答竟然是"幼儿园"，卡皮察接着说道，"在幼儿园里，我学会了很多很多。比如，把自己的东西分一半给小伙伴们；不是自己的东西不要拿；东西要放整齐；饭前要洗手；午饭后要休息；做了错事要表示歉意；学习要多思考，要仔细观察大自然。我认为，我学到的全部东西就是这些。"

卡皮察说得没错，幼儿园是孩子习得行为规则和秩序的重要场所，也是孩子运用这些规则和秩序学会更好地与他人交往的"小社会"。"饭前要洗手""东西要摆放整齐"，这些规则其实在孩子进入幼儿园之前，父母就已经悉数教给了孩子，但你仔细比较一下就能发现，孩子在进入幼儿园之后对这些规则的认识和理解，远比进入幼儿园之前要深刻得多。

之所以会出现这种差别，主要有两方面的原因。

首先，因为父母和老师的身份角色不同，导致孩子对规则的理解不同。孩子对老师的态度是敬畏和尊重的，对于老师的指令，孩子一般都会去执行。而由于孩子在父母面前往往比较随意和放松，因此对于父母的话，他想听就听，不想听就不听。

其次，家庭和幼儿园毕竟是两个完全不同性质的"单元"。幼儿园里有许多小朋友，这些小朋友集合在一起就构成了一个最基础的"小社会"。孩子要想在这个"小社会"里生存，就得好好学习，了解并遵守这里的规则和秩序，这样别人才能更好地接受他，愿意和他玩。如果孩子不愿意遵守"小社会"的规则和秩序，那么他便会被排除在这个圈子之外。

因此，很多父母会发现，孩子在家里时表现得还很娇气、任性、以自我为中心，但是去了幼儿园不到两个月的时间，就突然像换了个人一样。孩子回来后知道分享玩具了，买东西也知道排队了，饭前便后洗手的习惯也养成了，这就是幼儿园的神奇魔力。

但是，这并不意味着孩子从此以后就可以完全交给学校和老师，父母彻底撒手不管了。在孩子的成长过程中，父母永远是孩子最重要的教育者和引导者，这是我们的天职。

在孩子进入幼儿园之后，父母应该及时调整自己的身份角色，努力做好以下几件事情。

01 父母不必太多地干预老师

孩子进入了幼儿园，那么他在幼儿园的生活和学习就应该放心交给老师来管理。幼儿园有一套行之有效的教育方法和流程，能够让孩子在短时间内更快地融入集体生活。刚开始的时候，孩子难免会有焦虑、恐慌、抑郁的症状，这是"分离焦虑"的典型表现。此时，父母千万不要因此而责怪老师，干涉老师的正常教学管理，如果这样做只会让孩子变得更加不适应。有时，孩子在学校调皮捣蛋，被老师随口批评几句，就会回家向父母告状，有些父母一听孩子在学校受了"委屈"，便会跑到学校找老师对质。这种做法其实是非常不明智的，因为这种行为在孩子看来是在给他撑腰，孩子仗着父母支持，下次可能还会继续调皮捣蛋。

02 适当放手让孩子学着成长

孩子进入幼儿园之后，父母应该适当放手，让他学着自己去成长。幼儿园里，每个孩子的性格、脾气都是完全不同的，都需要学会与不同性格的孩子打交道。在打交道的过程中，同学之间出现矛盾和摩擦也是非常正常的现象，问题不大的情况下，不如适当放手让孩子自己去处理这些矛盾和摩擦。这么做，一方面可以让孩子更快地融入集体，另一方面也有助于培养孩子的独立性。父母随意插手孩子间的矛盾纠纷容易让本来很小的问题演变成吵架、打斗的大事。孩子看在眼里，就会习得一种错误的冲突处理方式，那就是他们会误认为在发生矛盾的时候，只有通过吵架和打架才能有效地解决。如果孩子之间的矛盾比较严重，已经上升到了动手的地步，这种情况下我们就应该教会孩子正确处理问题的办法：首先让孩子告诉老师，先寻求老师的帮助；如果老师没有及时出面解决问题，那么就让孩子及时回家告诉父母，再由父母出面与老师及对方家长沟通，确保下次不会再发生这样的问题。

03 家校配合是永远的主题

无论什么时候，家校配合都是教育的永恒主题。在孩子成长的过程中，老师和父母所扮演的角色是完全不同的，二者缺一不可。孩子在上幼儿园期间，父母的主要职责是配合老师帮助孩子养成良好的习惯，并在家里监督孩子强化这些习惯。孩子出现问题时，父母要及时跟老师进行沟通，随时掌握孩子在学校的动态，以便及时发现问题、解决问题。

总之，我们应该重视上幼儿园对孩子学习行为规范方面的重要作用。幼儿园是孩子离开家庭之后所接触的第一个"小社会"，孩子在这个"小社会"里的行为表现，将直接决定他未来进入"大社会"的适应能力。我们千万不能将幼儿园视为一个"看孩子"的游乐场所，完全把孩子交给老师，任由孩子在里面随心所欲地成长，这对孩子的成长而言，是非常不负责任的态度。

3~6岁，抓住孩子情感发展的黄金期

"妈妈，我爱你，你爱我吗？"

"妈妈，你不喜欢我了吗？"

"妈妈，我想拉你的手。"

如果有一天你突然发现孩子变得特别黏人，那么先别不耐烦地呵斥孩子，因为这有可能是孩子进入了情感敏感期。

3~6岁是孩子智力、性格、情感、自我意识、社交能力等发展的黄金期，也是孩子各种敏感期集中爆发的年龄阶段。这一时期，孩子会出现色彩敏感、情感敏感、社交敏感等一系列行为表现，父母在这个时候要格外关注孩子各方面的心理需求，帮助孩子顺利度过这些敏感期，孩子才能更好地进入人生的下一个阶段。

这里我们重点来谈一谈孩子在情感敏感期的具体表现和应对方法。当孩子进入情感敏感期时会有以下表现：突然变得极其脆弱和敏感，轻易就因为一点儿小事哭鼻子；在幼儿园与小朋友发生了一点儿矛盾，立即就找父母倾诉；突然特别喜欢亲亲、抱抱父母，说话喜欢撒娇。下面我们来看一个案例。

4岁的鹏鹏最近特别喜欢黏着妈妈，无论妈妈去哪里，他都要哭着闹着跟妈妈去；妈妈白天想工作或者做家务，他也必须要妈妈陪着他说话，陪着他玩耍，总之不让妈妈安心地做任何事情。还有，最近鹏鹏明显变得比以前爱哭了，随便一点儿小事就哇哇哭个不停，爸爸妈妈偶尔说话重了点儿，他立刻就号啕大哭；在公园玩耍的时候偶尔跟小朋友发生一点儿矛盾，他也会立刻扑到妈妈怀里哭个不停。

刚开始的时候，妈妈还能耐心地安慰鹏鹏，也会尽量抽出时间陪伴在鹏鹏身边。可是经过一段时间之后，鹏鹏这种敏感、脆弱的状态依然没有任何改善，妈妈觉得自己快要崩溃了。

案例中鹏鹏的行为是情感敏感期的一种典型表现：脆弱、敏感、爱哭，总喜欢黏着妈妈。我们在对待这个年龄段的孩子时，一定要理解孩子在这个阶段的特殊表现，用最大的耐心去包容孩子。如果孩子在这个阶段能够从父母身上获得足够的爱与安全感，他才有可能顺利地走向独立。可以说，孩子在这个阶段所感受到的情感体验，将直接关系到他未来的性格发展。

当孩子向你提出"抱一抱""亲一亲"的要求时，不要觉得不好意思，也不要表现出不耐烦，应该热情地把孩子揽在怀里，亲亲他的小脸儿，然后对他说声"宝贝，我爱你。"

孩子的情感敏感期，与孩子在幼儿园3年的时间基本吻合。入园后，孩子每天都要离开爸爸妈妈，独自在幼儿园度过一整天，在这一天的时光中，他可能有无数次想念爸爸妈妈的时刻，也有无数次因为一点儿小事就哭鼻子的时候。作为父母，我们不能时刻陪伴在孩子身边，但是我们可以在每天接孩子回家的路上，多对孩子说几句"妈妈（爸爸）好爱你"之类的话。

我们这一代人在小时候很少跟父母说出"我爱你"这样的话，当然父母也从来没有跟我们说过这样的话。以前的父母在教育孩子时，不太善于用语言来表达爱，多少让人有些遗憾。所以现在有了孩子之后，我想努力地做些弥补，当孩子扑在我怀里对我说"妈妈，我爱你"的时候，我也会用无数遍的"我爱你"来回应她。事实证明，在我们所给予的满满的爱和安全感里，女儿确实生活得非常幸福。

除了给予孩子足够的爱与安全安感之外，这里还要提醒各位家长，尽量不要给情感敏感期的孩子留下什么心理阴影。比如以下几件事，家长一定要注意。

01 尽量不要给孩子讲鬼怪故事

处于情感敏感期的孩子胆子很小，在这个阶段，父母应该避免给孩子讲鬼怪故事，以免给孩子留下心理阴影。我至今还记得小时候留在我心里的一幕恐怖场景，那是一个夏天的晚上，大人们围坐在一起，兴奋地聊着各种悬疑、鬼怪故事。聊到动情处，大人们还搭配了丰富的肢体动作。但这些场景在四五岁的我看来是非常恐怖的。那天晚上，我记得自己睡觉时紧紧地抓着被子，脑海里全是各种妖魔鬼怪的模样。自此，对于妖魔鬼怪的恐惧一直伴随了我的整个童年，直到现在我也无法接受影片中任何带有恐怖色彩的画面。我想以我的亲身经历告诉所有的父母，尽量不要在孩子3~6岁情感敏感期给他讲鬼怪故事，否则造成的心理阴影可能会伴随孩子终生。

02 尽量不要开玩笑吓唬孩子

同样的，在孩子的情感敏感期，尽量不要开玩笑吓唬孩子，可能这种玩笑对大人来说不算什么，可是在幼小的孩子眼里，却足以压垮他脆弱的心灵。我记得小时候，家门前的小路上有几个叔叔在挖一个大土坑，准备用来埋水管，当时我和几个小朋友一起跳进坑里玩耍。这时，旁边走过来一个叔叔，他笑着对我们说："再不爬上来，就把你们全部埋在里面喽。"当时我和几个小朋友吓得连滚带爬地逃了出来，然后身后传来了几个叔叔哈哈大笑的声音。也许那个玩笑在他们眼里真的很好笑，但是在我们的心里，那几乎是一种濒临死亡的恐惧。所以尽量不要随便对一个幼小的孩子开那种吓唬人的玩笑，这有可能会让孩子留下心理阴影。

03 爸爸尽量多陪伴孩子

当孩子处于情感敏感期时，爸爸应该尽可能地抽出时间多陪伴孩子，让孩子从爸爸身上感受到阳光和力量。在一个家庭中，陪伴孩子时间最多的往往是妈妈，长时间跟妈妈待在一起的孩子，性格多偏细腻、敏感等，这种情况下就需要爸爸参与进来"中和"一下孩子的性格特质。对一个男孩来说，父亲的陪伴可以让孩子变得更加勇敢、独立、坚强，更有责任感和男子气概；对于一个女孩来说，父亲的陪伴也可以让女孩变得更加大气、坚强。

04 不要强行与孩子分房

在孩子的情感敏感期，我们要慎重看待与孩子分房这件事情。如果孩子对分房这件事情不是特别排斥的话，那么父母可以通过和孩子好好协商的方式，达到与孩子分房的目的。如果孩子对分房这件事情特别排斥，那么父母就要暂缓与孩子分房，给孩子留一段适应期，等他有了充足的心理准备之后再谈分房也不迟。有些父母在与孩子分房这件事情上采取的是强制方式，这样做的后果很可能会给孩子带来极大的恐慌和焦虑，让孩子感觉父母不够爱自己，想急于把自己推出去。这对孩子安全感的建立以及良好性格的形成极为不利。所以，我们一定要慎重对待分房这件事情，千万不要强迫孩子。

每个孩子的性格特点不一样，他们在情感敏感期所呈现出来的心理状态也不一样。作为父母，我们要努力给那些相对敏感、脆弱的孩子更多的爱与温暖，让孩子感受到充足的安全感，这样他才能带着满满的自信，昂首阔步走向下一个人生阶段。

孩子之间发生了冲突，先让他们自己去解决

孩子之间难免会发生矛盾和冲突，只要问题不是太严重，我们应该放手让孩子自己去解决，相信孩子有能力处理好这些小矛盾、小冲突。在处理这些问题的过程中，孩子的社交能力、沟通能力才能得到进一步的提升。

孩子之间发生冲突之后，家长的第一反应就是心疼，在这种心理下家长非常容易做出不理智的行为。当家长过多地介入到孩子之间的冲突中时，短时间内看上去似乎给自己的孩子撑了面子，但从长远来看，负面影响更大。

首先，家长参与孩子间的冲突，有可能让小冲突变成大冲突。

2019年的一天，10岁男孩小桐（化名）和女同学小林（化名）排队交作业时，因为插队问题发生了争吵，然后小桐在小林脸上打了一下，事后小林回家告诉了父亲林某。林某脾气不好，听说女儿被男同学欺负之后非常生气，于是他在班级群里威胁小桐及其家长，要求小桐第二天在班内公开向女儿道歉，小桐家长当时也答应了道歉。次日，林某问女儿，小桐是否在班内公开向她道歉，女儿说没有。林某特别生气，于是买了一把水果刀赶到学校。他在教室找到小桐后，将其拖到男厕所，在其身上连捅数刀，直到小桐躺在地上一动不动，林某才停手。当然，林某后来被公安机关抓获。

当孩子之间发生冲突时，父母极可能会因为心疼孩子而做出不理

智的行为，让原本的小冲突升级为大冲突，有时甚至会演变成父母之间的打架斗殴。案例中的林某在听到女儿被欺负，且对方没有公开道歉之后，竟然用杀害对方的方式来为女儿出气，这种做法不仅没有解决问题，而且彻底毁了两个家庭。因此，当孩子之间发生小冲突时，父母一定要克制住自己的愤怒情绪，尽量放手让孩子自己先解决问题，或者让老师帮助解决问题，双方家长一旦参与进去，就有可能让事情变得更加复杂。

其次，家长参与孩子间的冲突，有可能让孩子陷入一个尴尬的境地。

孩子的情绪反复无常，来得快去得也快，当孩子之间发生冲突后，可能稍微冷静一会儿就能把刚才的事情忘掉。这时，如果家长强行参与进来，想替自己的孩子出口气，反而会让孩子陷入尴尬的境地，觉得自己的父母特别凶悍，让他在小伙伴面前丢脸了。除此之外，如果父母干预的次数过多，别的孩子就会下意识地远离你的孩子，因为他们感觉"×××的妈妈（爸爸）太凶了"。所以说，你的一时冲动，有可能会让你的孩子损失很多小伙伴，这种得不偿失的做法一定要慎之又慎。

最后，家长参与孩子间的冲突，有可能让孩子的性格变得怯懦、胆小。

3~6岁的孩子正处于社交敏感期，他们渴望了解社会规则，期待与人交往。父母应该鼓励孩子多跟小朋友一起玩耍交流，引导孩子学会人际交往技能。在与他人互动的过程中，孩子既能感受到交往的乐趣，又能让自己的性格变得开朗大方。如果父母随意干涉孩子间的小冲突，很可能会影响孩子与他人的正常交往，"分享、包容、理解"这些本该在人际交往过程中掌握的社交技能就会大打折扣。长此以往，孩子的性格也会变得怯懦胆小、内向自闭。

当孩子之间出现小冲突时，父母应该做到以下几点。

01 孩子的事情交给孩子自己去解决

当孩子之间发生的冲突很小，不足以威胁到孩子的人身安全时，父母就应该放手让孩子自己去解决问题。要相信孩子完全有能力解决彼此之间的小冲突。孩子在解决冲突的过程中能学会争辩、妥协、包容、抗争等一系列社交技巧，使他更好地适应学校生活和社会生活。无论在学校还是社会中，一个高情商的孩子，所受的欢迎度要远远高于低情商的孩子。马云说过这样一句话："孩子要学会在冲突中解决问题，因为未来的社会将会冲突不断。"孩子终将离开父母走向社会，学会如何在一个冲突不断的社会中解决冲突，对一个孩子的成长而言非常重要。

02 冲突发生时，父母要在旁边"明察秋毫"

我们让孩子学会自己解决与同伴间的小冲突，并不意味着父母一概撒手不管。聪明的父母会站在旁边不动声色地"明察秋毫"，会观察整个事件发生的起因是什么，孩子之间究竟谁对谁错，谁的解决方式更好，谁的解决方式不当，孩子在这次冲突中应该吸取什么样的经验和教训，等等，这些都是需要家长仔细思考的问题。通过解决小冲突，不仅要让孩子学会建构和谐的人际关系，更要让孩子学会从冲突中吸取教训，避免再出现同样的问题。

03 冲突过后，父母应和孩子进行深入沟通

冲突过后，孩子之间的问题解决了，但这件事情并没有真正结束。父母应该等孩子冷静下来之后，找一个没人打扰的环境和孩子进行深入沟通，最好不要当众教育孩子。

我们来看看下面的几种沟通方式。

"你现在是不是觉得很生气？"面对情绪低落的孩子，这么问，一来可以让孩子感觉到父母至少是关心自己的，二来可以让孩子的愤怒情绪发泄出来。等孩子的情绪得到适当的缓解之后，我们还应该继续问一下孩子，"你能说一下刚才冲突的起因是什么吗""你觉得你刚才的处理方式合适吗""你想过那个小朋友为什么那么做吗""下次遇到同样的问题，你打算怎么办"。父母通过这样的询问，可以让孩子客观地审视整个事件的前因后果。当孩子平静地把事情的来龙去脉及前因后果梳理完毕之后，父母再告诉孩子，他的哪些处理方式是正确的，哪些处理方式是错误的，并向孩子提出合理建议。通过这一系列的沟通和交流，孩子才能在冲突中吸取经验，学会成长。

如果父母一开始就介入孩子之间的冲突，将孩子紧紧地护在身后，那么孩子将错失重要的人生经历，一个没有经历过冲突和挫折的孩子很难获得真正的成长。

孩子在幼儿园被小朋友"打"了怎么办

幼儿园是孩子接触的第一个"小社会"，既然是"小社会"，那就少不了矛盾和纠纷。几乎每一个进入幼儿园的孩子都曾经历过被小朋友"打"的经历，当孩子在幼儿园被小朋友打了之后，父母对这件事情的态度及处理方法将直接影响孩子的身心健康及与他人的关系。

一般而言，父母的处理方式有以下三种。第一种处理方式就是强硬对抗，让孩子打回去；第二种方式是告诉孩子这些都是小事情，忍忍就过去了；第三种处理方式是让孩子告诉老师，让老师出面解决。下面我们来具体分析一下这些处理方式的优缺点。

主持人金星有一次在节目上说过这样一件事情：有一次她的儿子在超市，因为一辆购物车而被一个很蛮横的小女孩打了一个耳光。这可把不远处的金星急坏了。当儿子捂着脸回来时，金星脱口而出："儿子，那个孩子打了你，你为什么不给我打回去？"但儿子却说："我不，她打我是她妈妈没教育好她。"

金星对这件事情的处理态度引起了全网的热议，有人支持也有人反对。支持的人认为孩子受欺负时，直接动手打回去会起到一定的震慑作用，下次就不会有人再欺负他了。反对的人认为，对方打人是错误的行为，让自己的孩子再打回去，那自己不也犯了同样的错误吗？

让孩子直接打回去的方式看似一时爽，实则后患无穷。首先，让孩子打回去，容易使孩子形成一种只有武力才能解决问题的错觉。今后他和小朋友再发生矛盾时，他首选的解决方式就是动手。作为父母，估计都不大愿意让自己的孩子把动手视为解决问题的唯一途径吧。既然如此，我们就不要给孩子灌输这种"以暴制暴"的观念。

其次，让孩子动手打回去，有可能让他受到"二次伤害"。作为父母，当孩子被别人"打"了之后，我们首先要考虑的是孩子有没有受到伤害，而不是将发泄怒火作为首要的事情。

因此，当孩子挨打之后，让孩子直接打回去的方式，看似很"解气"，但并不利于孩子的身心健康。

还有一些家长会选择让孩子忍气吞声。"他打你，你就跑""你看见他躲得远远的，他就打不着你了""有矛盾很正常，忍一忍就过去了，以后大家还要做朋友"……这些消极退让的做法也不利于孩子的身心健康。

心理学上有个现象叫"欺软怕硬"。喜欢"欺软怕硬"的人看见比自己弱小的人，就会下意识地去挑衅、欺负对方，而面对比自己强大的人时，则表现得非常乖巧。一个喜欢动手打别人的孩子，说明他的潜意识认为"强者可以欺负弱者"。面对这种欺软怕硬性格的孩子，一味要求自己的孩子躲避退让，不但不能制止对方的暴力行为，反而会勾起对方的挑衅欲望，一而再再而三地欺负你的孩子。面对这种情况，父母应该让孩子以适当的方式还击回去。比如可以厉声制止对方，大声告诉对方"你这样做是不对的，你再打我，我就要告诉家长了。"语言上的回击，至少给对方表明一种态度：我是不同意你这种做法的。这样做明显比一味妥协、退让要好得多。

第三种处理方式是让孩子及时告诉老师。这种做法是合理的，但是家长也要注意不要让孩子因此养成跟老师"打小报告"的习惯。孩子有自己的小圈子，如果同学们发觉一个孩子总爱向老师"打小报告"，可能就会渐渐疏远他。因此，为了避免这种情况出现，家长不必凡事都让孩子去跟老师打报告。当孩子挨打后，我们要帮孩子厘清整个事情的过程，让他首先确认对方是不是故意动手，如果是，再让孩子去找老师出面解决问题。

以上3种方式各有利弊，但综合来看都不是最佳的处理方式。我的女儿在幼儿园里也出现过类似的情形，有一次她放学回家，我发现她的脖子上被其他孩子划了一道长长的红印；还有一次，她被别的小朋友推倒在地，膝盖擦破了好大一块皮。作为妈妈，我当时的第一反应是心疼，第二反应是抱怨，最后冷静下来，我认为有必要就她"挨打"这件事，对她进行一下全面的引导，这样再遇到类似的问题时，她能够有更好的处理办法。

01 先确定对方是无意还是有意

3~6岁的孩子，他们的语言能力尚在发展之中，遇到问题无法准确地表达自己的意见。而3~6岁这个阶段也正值孩子的手部动作敏感期，这一时期的孩子不仅喜欢做手工，遇事还喜欢用动手来解决问题。父母应该了解孩子这一发育特点，引导孩子更加理性地看待彼此之间的冲突。事情发生之后，我们应该跟孩子进行认真的沟通，让孩子尽可能地还原他挨打的前因后果，然后再有意识地引导孩子思考，对方究竟是有意动手还是无意动手。

02 面对无意动手的孩子，可以用语言来制止对方

如果对方不是故意欺负你的孩子，只是因为在玩耍或学习的过程中产生了矛盾和纠纷，对方在情绪激动的情况下动了手，那么你可以明确告诉孩子，对方动手的行为是错误的。同时，还要告诉孩子下次对方再忍不住动手打他，他应该大声地说出"打人是不对的，你再这样，我就不跟你玩了！"用这种态度提醒对方，让对方权衡利弊，多加注意。这个办法对于那些不是故意想打人的孩子而言，是有威慑作用的。

03 面对有意动手的孩子，教会孩子适当反击

如果对方是有意动手的，那么父母应该意识到一个问题，这样的孩子天生具有攻击性或者喜欢挑衅别人。这种情况下，父母应该引导孩子学会正确的自我保护方法。告诉孩子，当对方动手时，可以抓住对方的手，或者伸出双臂，牢牢地控制住对方的胳膊，用适当的方式保护自己不受伤害。在确保自己摆脱了对方的攻击之后，不要再跟对方纠缠，应该及时跑开找老师或家长寻求帮助。通过适当的方式反击对方，意在告诉对方：我也很有力气，下次你想动手解决问题的话，最好想清楚。

04 面对具有严重暴力倾向的孩子，远离是最好的解决办法

如果对方是一个有严重暴力倾向的孩子，总是因为一点儿小事就动手打人，在这种情况下，我们给予孩子的最好建议就是让孩子远离对方。我经常告诉女儿，如果对方是一个喜欢挑衅、欺负别人的孩

子，那么你一定要远离他。多数情况下，孩子被打之后，并不知道该如何正确处理这件事。但是作为父母，我们要通过理智的分析和引导，让孩子既能避免再受伤害，也能学会正确处理矛盾的办法。

孩子攻击性强，爱"打"人怎么办

在由几个孩子组成的小团体中，总会出现那么一两个爱攻击别人的小孩。有的时候他们会因为争抢一个玩具而出手打人，有时候会因为争吵不过对方而动手打人。无论什么样的原因，这类孩子身上有一个共同的特点：脾气非常急躁，具有很强的攻击性。

3岁的孩子语言能力尚未发育完全，当他不能很好地通过语言来表达自己的情绪时，就会下意识地通过动手来解决问题。在他看来，动手是一种最简单的处理问题的办法。如果孩子在3岁时表现出攻击别人的倾向，父母可以适当地允许孩子有一个成长过渡的时间，但如果孩子过了3岁依然喜欢攻击别人，父母就要重视这个问题了。任由孩子自由发展下去，到了青春期他就很容易成为"校园霸凌"的施暴者，步入婚姻后也很容易成为家庭暴力的实施者。

其实，许多具有攻击性的孩子，他们的背后都站着放纵其行为的父母。心理学研究发现，父母对于孩子攻击行为的态度，会直接影响孩子下次发生该行为的概率。当孩子第一次攻击他人时，如果父母表现得无动于衷或者敷衍了事，那么就会给孩子造成一种可以随性打人的印象。我曾经就碰到过这样一对母子。

我们小区里有一个叫当当（化名）的5岁男孩，当当是一个很爱攻击别人的孩子，有时候几个孩子在一起玩得正开心时，他就会因为一点儿小事甩对方一个巴掌或者掐一下对方脸颊。当对方的家长扑过来保护自己的孩子时，当当就会像一头暴怒的小狮子一样往前冲，而这个时候，当当的妈妈只是站在旁边不痛不痒地说一句"别打了，打人是不对的。"

有一次，一位家长实在气不过，就向当当的妈妈抱怨了几句："你家小孩打别人，你就这么不痛不痒地说几句话就完事儿了？"听完当当的妈妈没有觉得一丝羞愧，反而理直气壮地回应这位家长："你们不也批评他了吗？我也提醒他不要打人了，你们还想怎么着啊？"当当妈妈的一番话，让周边的家长都很无奈。慢慢地，小区里的其他家长都不再让自己的孩子跟当当一起玩耍，当当也因此变得非常孤独。

案例中当当的妈妈，从态度上就没有把孩子的攻击行为当作一个严重的问题去对待，这种做法导致当当的攻击行为越来越严重，也让愿意跟他玩的小朋友变得越来越少。所以说，要想解决孩子的攻击性问题，父母必须从思想上认识到攻击行为不仅不利于自己孩子性格的培养，还会损伤孩子之间的人际关系。

父母必须明白，护短只会让孩子的攻击行为越来越严重。

面对一个具有攻击性的孩子，父母应该做到以下几点。

01 父母切忌"以暴制暴"

我们前面说过，孩子其实是折射父母的一面镜子，从孩子的攻击行为多少可以窥探出父母的教育方式是什么样的。当孩子出现攻击行为时，有些父母会采取"以暴制暴"的方式来压制孩子，希望通过打骂的方式让孩子的攻击行为有所收敛。但事实是，这么做不仅不会让孩子的攻击行为有所减少，反而会让孩子在潜移默化中变得更加具有攻击性。

我认识的一位妈妈在教育孩子时动不动就飞起一脚或猛推一把，很少见她和颜悦色地跟孩子好好沟通过。而她的孩子在和别的孩子一起玩耍时，也会有特别多的攻击行为——要么推对方一把，要么踢对方一脚。对于这个问题，如果要找根源的话，喜欢"以暴制暴"的妈妈难辞其咎，她的行为间接强化了孩子的攻击行为。孩子小的时候迫于弱小，可能会暂时屈从于"以暴制暴"的教育方式，但是等他长大有了更多的能量之后，他的这种暴力行为将会爆发。

02 适当隔离是有效的办法

当孩子经常有攻击他人的行为时，父母一定要采取适当的措施来制止他的冲动行为。适当隔离是一个非常有效的解决办法。当父母将攻击他人的孩子拉到一边后，先不要着急打骂，而应冷静地告诉孩子："打人是不对的，现在你需要关上门在房间里冷静一小时。在这期间，你不能玩任何东西，也不能看动画片，你只能乖乖地坐在书桌前反思，也许一小时之后你会有话想跟妈妈讲。"冷静一小时，其实是一种温柔的惩罚措施，这对一个正处于行动敏感期的孩子而言，无异于隐形的"手铐"和"脚镣"，会让孩子感觉非常难熬。当孩子再次出现攻击行为时，隔离时间也可以相应地加长，相信经过多次的隔离反思，孩子的攻击行为可以得到很大的抑制。

03 不要溺爱孩子

孩子在做出攻击行为时，其实是带着一定的目的和动机的。比如，他想从对方手里得到一个玩具，或者当别人不能顺从他的想法时，他便会通过攻击来达到目的。这样的孩子多数都喜欢以自我为中心，只考虑自己的感受和喜好，缺乏与他人共情的能力。这跟父母对他的溺爱有很大的关系。在封闭的家庭环境中，父母或其他家长如果都自觉地以孩子为家庭核心，凡事都顺从孩子的意愿，那么就会让孩子养成自私自利、唯我独尊的性格特点。等他走出家庭，开始和别的小朋友接触之后，依然会延续这种自私自利、唯我独尊的思维和行为模式。具体表现就是，"我觉得怎么舒服就怎么来""我想要的东西就去抢，我感觉不高兴了就直接动手"。但是，这些想法和行为只有自己的家人才会无条件地包容，而社会一定会对他做出惩罚。

孩子不喜欢与小朋友交往怎么办

3~6岁的孩子正处于人际关系的敏感期，这一时期孩子建立的人际关系大致有3种情况。第一种情况是通过分享零食来建立人际关系。比如一个小朋友手里拿了一个面包，他掰给另外一个小朋友一半，那么他们俩就通过面包建立了短暂的人际关系，等面包吃完之后，可能他俩的人际关系也就随之结束了。第二种情况是通过分享玩具、交换玩具建立人际关系。孩子们凑在一起玩耍时，会拿出各自的玩具一起来玩耍，或者用各自的玩具相互交换，这样孩子间的人际关系就建立起来了。但是等到游戏结束之后，这段关系可能也就随之终结了。第三种情况是孩子自己寻找一些志趣相同或性格相仿的对象建立人际关系，这种关系相比之前通过分享零食和玩具所建立的人际关系要牢固得多。

提升孩子的社交能力对他的性格培养和未来生活具有非常重要的意义。然而，并不是所有的孩子都渴望人际交往。有些孩子偏偏喜欢一个人独处，面对这种情况，父母难免会对孩子的孤僻行为产生强烈的焦虑感，害怕这会影响到孩子的性格以及人际交往能力。其实面对这种情况父母不必焦虑，只要进行合理地引导就可以了。

下面我们来看一个案例。

雯雯和甜甜是对门邻居，她俩经常在一起玩耍，两个孩子的父母相处得也不错。可是最近雯雯的妈妈发现了一个问题，甜甜的人缘非常好，性格开朗活泼，特别招人喜欢，她除了和雯雯在一起玩耍之外，和小区里的其他孩子也能玩到一起。可自己的女儿雯雯却完全是另外一个样子，除非甜甜主动来找她玩耍，否则她只喜欢独自待在房间里安安静静地画画。雯雯的妈妈仔细一想，雯雯身边好像除了甜甜之外，就再也没有其他的好朋友了。这个发现让雯雯妈妈焦虑不已，她决定好好跟雯雯谈一谈，希望她能像甜甜那样多交几个好朋友。结果雯雯一听就不耐烦地说道："我不喜欢交朋友，我觉得自己画画玩也挺好的。"

案例中的雯雯妈妈，看到自己的女儿不愿意交朋友，只喜欢一个人躲在房间安安静静地画画，便非常焦虑，她希望女儿能像别人那样多交几个好朋友，赢得好人缘。雯雯妈妈的焦虑其实完全没有必要，社交是一种自然而然的意愿，当孩子没有这方面的需求时，父母再着急也没有用。此外，父母在引导孩子的社交行为时，一定不能操之过急，否则一旦用错方式，反而会让孩子的性格变得更加自卑。

在引导孩子的社交行为时，以下几点是需要父母格外注意的。

01 可以让孩子发展几个稳定的好朋友

不喜欢和小朋友过多交往的孩子，性格往往都是慢热型的，他需要跟对方完全熟悉之后，才会慢慢地敞开心扉和对方一起聊天、玩耍。鉴于此，爸爸妈妈不如引导孩子发展几个稳定的好朋友，以后可以长期友好相处。在挑选好朋友时，我们可以建议孩子尽量选择兴趣爱好相同、性格习惯相似的朋友，或者住在同一个小区的朋友。当孩子有了稳定的好伙伴之后，我们可以建议孩子平时多与这几个小朋友联系，比如可以在生日的时候邀请他们来家里一起聚会，也可以相约一起去公园玩耍等。当孩子跟这几个小朋友建立了稳定的交往关系之后，他也许就不那么排斥交际，性格也更开朗了。

02 不要给孩子贴上"古怪""害羞"的标签

朋友有个4岁半的女儿，有一次我们聚会的时候她带着孩子一起过来玩，小女孩看见我们以后非常害羞，躲在妈妈身后，不敢过来打招呼。这时朋友着急地跟我们解释："这孩子性格有点儿古怪，在家里叽叽喳喳，出门一见别人反而特别害羞。"这时我使了个眼色，暗示朋友别再说下去了。3~6岁的孩子遇见生人害羞是一种非常正常的表现，这个年龄阶段的孩子非常缺乏安全感，在陌生的环境里非常容易焦虑、紧张，所以才会不由自主地躲在妈妈身后。在这种情况下，父母最好不要随便给孩子贴上"古怪""害羞""腼腆"的标签，那样会让孩子觉得自己是一个和别人不一样的问题小孩，在这种精神压力之下，孩子反而会变得更加害羞、自卑。

03 不要强迫孩子和别人交往

交往是一种自然的行为，作为父母，我们没必要强迫孩子必须和别人交往。客观而言，不合群并不代表孩子的性格有问题，也不代表孩子的行为就是错误的，强迫孩子迎合大众的观念，只会让原本正常的孩子变得无所适从。我们让孩子和其他小朋友交往的目的是为了让他变得更加自信、开朗，一味逼迫他，反而会让孩子对社交产生恐惧心理，从而更加封闭、自我。作为父母，我们应该多观察孩子的行为表现，如果发现孩子对交往有了一定的意愿和期待时，则可以趁机鼓励孩子大胆与别人交往；如果孩子萌生退意，父母也不要过多责怪孩子。

04 适当尊重孩子的独特个性

内向和外向只是性格的不同特征，没有优劣之分。但在世俗的观念中，大家都觉得外向的人往往比较开朗、随和，相处起来相对融洽一些；而内向的人则比较敏感、沉默，相处起来可能会比较费劲。因此，大家都想让自己的孩子性格外向一点儿，希望孩子得到更多人的喜欢。其实，这是对内向性格的一种误解，内向的孩子其实有很多优势。比如，内向的孩子喜欢拥有自己的私密领地，他们在这个领地内可以专注地思考、做事，因而更易成功；内向的孩子一般具有较强的同理心，他们能设身处地地考虑对方的感受，也是一个很好的倾听者；内向的孩子往往更有主见，他们非常清楚自己想要的东西是什么，不随波逐流，也不人云亦云。作为父母，我们要尊重孩子的独特个性，也要善于发现孩子身上的闪光点，千万不要用世俗的眼光去评判自己的孩子。

交朋友就像吃饭，每个孩子都有属于自己的独特口味与喜好，他不想吃的饭，父母再逼也没用。同样的道理，他不想交的朋友，父母一味勉强只会适得其反。

孩子冷漠、缺乏同情心怎么办

荷兰心理学家德瓦尔曾经用俄罗斯的套娃理论来解释孩子的同情心，他认为孩子的同情心就跟俄罗斯套娃一样是分层的，并且层和层之间是相互传承的，也有先后顺序。第一层是情绪感染，完全不用经过大脑思考，比如婴儿听到其他婴儿哭，他们下意识地也会跟着哭；第二层是感同身受，他看到别的小孩不小心摔了一跤，手指破了，那么他也会跟着心里一抖；到了第三层，孩子会主动做出思考，判定自己接下来应该怎么做，比如身旁的孩子因为离开妈妈伤心地哭了，他会把自己的玩具递过去跟小朋友一起分享，通过这种方式来安抚对方。

3~6岁的孩子，对于别人的痛苦，应该能慢慢做到"感同身受"。但这种"感同身受"大多是对过去经验的一种投射，他看到对方遭遇的痛苦，就会在脑海中回忆起自己曾经遭遇过的相似经历，于是便会对对方的痛苦有一种切身的感受。

女儿两岁多时，我因为个人原因实在无法照顾她，于是将她托付给姥姥姥爷照顾了两个月。有一天晚上我跟她通话时，她哭着告诉我她想爸爸妈妈了。那是女儿人生中第一次经历离别，也是第一次离开爸爸妈妈的身边。对于离别的痛苦，我从来没有问过她，因为怕她会伤心。

3岁那年，她喜欢上了电影《捉妖记》，里面的胡巴每次被坏人抓走时，她都会哭得撕心裂肺，还大喊着"爸爸妈妈救胡巴，爸爸妈妈救胡巴"。他看到胡巴和爸爸妈妈被迫分离的场景，可能想到了自己和我们短暂分离时的痛苦，所以才会对胡巴的遭遇产生了强烈的情感共鸣。

可是，如果孩子没有经历过类似的痛苦，他是很难做到"感同身受"的。

后来女儿的一个小伙伴来家里和她一起看《捉妖记》，当看到胡巴被坏人抓走的场景时，那个小朋友一点儿反应都没有。当时他的妈妈还开玩笑说："男孩女孩就是不一样，你看男孩的心有多大啊！"当时，我问这个孩子的妈妈："你儿子从出生到现在离开过你们吗？"对方坚定地回答："一天都没有离开过。"

我在想，面对同样的痛苦，不同的孩子做出了完全不同的反应，这多少跟性别有点儿关系，但根本原因还在于孩子能否对电影里的场景感同身受。

所以说，一个生活经历丰富的孩子，他的情绪和情感体验相对也会丰富得多；而生活经历比较简单的孩子，他的情绪和情感体验相对就会简单一些。

当然，除了生活经历之外，我们完全可以通过其他的办法来提高孩子的同情心。

下面几个办法，父母们不妨尝试一下。

01 孩子的同情心可以通过模仿父母而习得

父母是孩子的第一任老师，3~6岁的孩子可以通过模仿大人的行为而习得同情心。一般而言，如果父母能够对他人的痛苦表露出同情心，那么孩子多半也会学着大人的样子，对别人的痛苦做到感同身受。举个简单的例子，如果妈妈带着孩子去公园钓鱼，回家时妈妈告诉孩子，我们把小鱼放回池塘吧，这样它可以回到妈妈的身边，不然晚上小鱼找不见妈妈会伤心的。孩子听完妈妈的话，多少会生出恻隐之心，他会联想到自己晚上见不到妈妈会有多么痛苦，所以他会在进行一番思想斗争之后，最终把小鱼放回池塘。如果父母只是单纯的命令孩子"把小鱼放回去，我们回家吧"，那么孩子是无法通过父母习得同情心的。我用这个方法跟女儿沟通过多次，事实证明非常有效，她现在即便用渔网捞出了几条小鱼，回家之前也会主动把它们放回河里。

02 引导孩子养成换位思考的习惯

在平时的生活中，我们应该引导孩子养成换位思考的习惯。当孩子具备了换位思考的能力时，他多半会对对方的处境表露出同情的心理。当看到小朋友输了比赛伤心地哭泣时，妈妈可以引导孩子思考这样一个问题："如果是你输了比赛，你会伤心吗？"孩子仔细思考完这个问题之后，便会对对方的处境有一个形象的认识，这样他便会尝试着去理解别人的痛苦。当孩子能感受到对方的痛苦时，妈妈可以继续引导孩子"你伤心的时候，希望别人怎么安慰你？"孩子可能会回答"希望妈妈抱抱我""希望妈妈陪我玩玩具"，这时候妈妈可以趁机告诉孩子"那你要不要试试安抚一下小朋友呢？"在你的鼓励和建议下，孩子说不定会勇敢地走过去抱抱对方，或者把自己的玩具拿给对方一起玩。通过这一系列引导，孩子逐渐获得了同情他人、安抚他人的能力，而这一切都是通过换位思考取得的成果。

03 不要过早给孩子贴上"冷漠"的标签

相关研究表明，3～6岁的幼儿尚处于情境信息的描述和自己经验的投射阶段。他们在理解他人的痛苦时带有明显的被动性，而且往往会以自我为中心，只有结合自己以前的切身经历，才能对对方的痛苦做到感同身受。当孩子看到对方的痛苦时，如果他本人没有类似的情感经历，那么他就很难体会到对方的痛苦，这跟他的身心发育规律息息相关。所以，当孩子表现出面无表情或无动于衷的态度时，父母千万不要给孩子贴上"冷漠"的标签，指责孩子没有同情心，这是错误的做法。等他到了7岁以后，随着他的情绪认知能力的提高，他的同情心和理解力自然也会随之提高。

04 可以引导孩子多多关爱小动物

一般而言，能够善待小动物的孩子，往往都拥有一颗善良的心。善良的孩子，在面对别人的痛苦时，更容易做到感同身受。所以我建议家长们，如果家里有条件的话，可以让孩子养一只小猫或者小狗，在和它们相处的过程中，孩子的心灵也会逐渐变得柔软起来。如果家里没有条件养宠物，那么在平时空闲的时候，父母可以多带孩子去动物园接触一下小动物。如果你仔细留意，就会发现孩子在看到动物的时候眼睛都会闪烁着光芒。

在孩子欣赏可爱的动物时，父母可以趁机引导一下孩子。"你看小动物是不是跟人类一样，它也有爸爸妈妈，离开了爸爸妈妈也会伤心的。""你看那两条小鱼玩得多开心啊，他们一定是好朋友吧。""你看这匹斑马伤心了，他的小伙伴正在它的身上蹭来蹭去，表示关心呢。"当你语重心长地给他讲道理时，孩子未必能听得进去，但是如果你把这些道理都融合在动物身上来讲，他反而更能"感同身受"。一个孩子，如果他看到小动物受伤都会伤心，那么他在和别人交往的过程中，也不会轻易地伤害别人。

这里需要注意的是，如果你想让孩子的心灵变得柔软一些，千万不要操之过急，而应该通过耐心的教育和引导，让孩子学会站在对方的角度考虑问题，这样他才能真正地做到感同身受。

孩子自私、任性、占有欲强怎么办

我们经常看见有的孩子把自己的玩具紧紧地护在怀里，生怕被别人抢走，偶尔走过来一个小朋友摸一下他的玩具，他就会高声说"这是我的，不是你的。"孩子的这种表现跟他的自我意识萌芽有着重要的关系。当孩子有了自我意识之后，就会对"我的""你的"有了清楚的概念，对自己感兴趣的玩具或食物具有很强的占有欲，不愿意跟别的小朋友一起分享。

父母不要只根据孩子的这些表现，就认定孩子是一个自私、任性、占有欲强的孩子。在3岁之前的这个年龄阶段，"占有"是他的天性，"分享"才是更高级别的要求。孩子过了3岁之后，慢慢有了交往的需求，这时候他才会愿意跟小朋友分享东西，并且能够体验到分享的快乐。等孩子过了七八岁，大部分孩子不用父母引导，也会主动地分享自己的东西。

通过父母的教育引导，可以让3~6岁的孩子变得乐于分享。但是一定要采用正确的方式方法，否则通过强迫的方式让孩子跟别的小朋友分享自己的东西，会让孩子产生强烈的不安感，甚至会让他今后牢牢地"看住"自己的东西，从而变得更加小气。下面我们来看一个案例。

4岁的媛媛最近变得特别小气，当她手里拿着一包零食时，但凡有小朋友走过她的身旁，她都会紧张兮兮地把零食塞进自己的口袋里。妈妈看到她这个样子，生气地对她说："我已经告诉你很多次了，要大方一点儿，多跟小朋友分享，结果你不仅不与人分享，还变得更小气了。"这时候媛媛委屈地拿出自己的零食说道："你每次只给我发一包零食，还让我拿出来分给小朋友，这样我就没有了。"媛媛说完，哇哇地哭了起来。

案例中的媛媛只有4岁，正处于自我意识萌发的阶段，她不愿意拿出自己的零食跟别人一起分享，是正常的行为表现。但是妈妈并不了解孩子的心理发展规律，只是一味地指责媛媛小气，结果媛媛更不愿意分享了。媛媛之所以会变得更加小气，是因为她在妈妈的强迫下变得极度缺乏安全感，出于自我保护的本能，她才会紧紧地护住自己的零食，生怕妈妈逼迫自己跟别人分享。

通过这个案例，我们可以明白一个道理：分享需要慢慢引导，一味强迫只会让孩子变得更加没有安全感。举个非常形象的例子：我们平时在喂小狗吃东西时，会发现小狗有一种护食的本能，常常龇牙咧嘴地护着自己的食物，生怕它的食物被抢走。当小狗感觉非常饥饿时，这种饥饿感会让小狗的护食行为变得更加强烈。孩子捂住零食不愿分享的行为，其实跟小狗的护食行为非常类似，当他感觉零食缺乏时，他就会变得十分小气。

这个例子可以给我们提供一个引导孩子分享东西的好办法，就是父母要给予孩子足够的安全感。当你鼓励孩子把自己的零食分给对方时，可以悄悄地告诉孩子"宝贝，你做得真棒，待会儿回家妈妈再奖励你一包零食，因为你学会了分享。"孩子如果知道分享之后还有一包零食在等着他，他就不会对分享表现得那么排斥。

要让孩子学会分享，除了要给予孩子足够的安全感之外，父母还要根据孩子的身心发育特点，采取孩子可以接受的方法教育孩子，让他能够正确对待分享这件事。

01 告诉孩子，分享之后你的东西还在

孩子惧怕分享，有一个重要的原因就是他担心分享之后自己的东西就消失不见了。这时候，妈妈不妨反复告诉孩子："你的玩具与别人一起玩，并不会消失不见，等小朋友回家之后，这些玩具还在你的身边，而且你还多了一个好朋友。"当孩子的大脑被不断地灌输"东西还在"的意识之后，他就会对分享不再那么恐惧了。女儿小时候，我带她去公园玩，每次回家之前我都会提醒她把玩具数一遍，数完之后，孩子会高兴地告诉我"妈妈，我的玩具都还在。"我想通过这种方式让她明白一个道理，和朋友快乐地玩耍之后，她的玩具依然一个都没少。

02 先从孩子不太在乎的东西开始分享

每个孩子心里都有一件或几件非常在意的玩具，平时连爸爸妈妈都不让碰。对于这样的玩具，父母请尊重孩子的意愿，千万别逼着孩子拿出去跟别人分享了。这时候父母可以建议孩子把自己的玩具分个

类别，比如可以分为"在乎""比较在乎""不太在乎"几个等级。分完之后，父母可以跟孩子商量一下，下次出去玩时，可不可以把"不太在乎"或者"比较在乎"的玩具拿出来跟大家分享。在得到孩子的肯定回答之后，父母可以引导孩子用这些他愿意分享的玩具跟小朋友一起玩耍。

03 告诉孩子：占有的东西越多，你的责任也越大

有个朋友告诉我，她的孩子特别自私，每次拿东西都要挑最大的那一个，问我该怎么办。我建议她这样告诉孩子：你占有的东西越多，那么你承担的责任也就越大。我给她举了个例子：你在分苹果时，特地准备几个很大的苹果，等他挑选了最大的苹果之后，你再平静地告诉孩子："你可以拿最大的，但是你今天必须吃完它。"很多时候，孩子占有一件东西的初衷并不是为了使用它，而只是单纯喜欢占有而已。对于这样的孩子，父母一定要及时引导，把孩子的自私行为纠正过来，否则任由孩子发展下去，会让他形成自私、霸道的性格。

让一个已经具有自我意识的孩子大方地去分享自己的玩具，的确是一件很困难的事情。但是让孩子养成了乐于分享的良好习惯之后，他的性格就会因为"分享"这一行为而变得更加豁达、开朗、大方，这对他的整个人生而言，都会是一笔宝贵的财富。

第 5 章

教育
就是培养好习惯

//

　　教育孩子，没必要大吼大叫；陪孩子写作业，也没必要搞得"鸡飞狗跳"。帮助孩子培养一些好习惯，事情将变得事半功倍。孩子一旦养成了好习惯，不用父母唠叨、督促，他们就能自觉地完成各种学习任务。能够管理好自己学习和生活的孩子，才能管理好自己的未来。

给孩子"金山银山"，不如给他一个好习惯

父母留给孩子最大的财富，不是房产，不是金钱，而是一个可以陪伴他终生的好习惯。在孩子的人生道路上，一个好的习惯也许能给他带来远比房产及金钱更有价值的财富。以财富传家，富不过三代，但是以习惯传家，则会惠及子孙后代。

晚清重臣李鸿章在家训中十分重视对后代勤俭习惯的培养，甚至把勤俭放在了家训的第一位。在良好的家训传承下，李氏后代人才辈出，遍及海内外，成为一个名副其实的大家望族。其中，李道增是清华大学建筑学教授、博士生导师，中国工程院院士；外孙女张爱玲是闻名遐迩的大作家；李家"家"字辈后人还出了三个亿万富翁。李氏家族历经百年风雨，现在依然屹立不倒，一个很重要的原因就是这个家族有良好的习惯传承。

当然，我们普通百姓之家想成为李氏家族那样的名门望族，有点

儿困难，但作为普通父母，我们依然可以竭尽所能给孩子留一些精神方面的财富，比如良好的行为习惯。千万不要小看习惯的力量，一个好的习惯如果能长期坚持下去，必将受益多多。

英国著名作家狄更斯有个奇特的习惯，就是特别喜欢观察街上的行人。无论刮风下雨，还是大雪纷飞，他都会到街头去观察行人，然后把行人说的闲言碎语记录下来，变成他写作的丰富素材。在狄更斯的笔下，各种各样的人物及其语言都显得特别生动、形象。狄更斯的作品之所以能成为经典，与他长期喜欢观察的良好习惯是分不开的。

试想一下，如果我们引导孩子养成了良好的阅读习惯，孩子每天都坚持读一会儿书，日积月累，知识储备就会非常丰富；如果我们引导孩子养成了认真、细心的行为习惯，那么孩子在考试的过程中，至少不会因为粗心而丢掉分数。要想让孩子养成良好的行为习惯，离不开父母的教育和引导。在孩子养成好习惯的过程中，父母应该成为孩子最坚强的后盾和精神支柱。

父母在培养孩子良好的习惯方面应该发挥主观能动性。

01 父母应该主动营造阅读氛围

我们希望孩子养成良好的阅读习惯，而自己却拿着手机在旁边玩游戏或者追影视剧，这种氛围下孩子是不可能安心阅读的。好的阅读习惯需要在良好的阅读氛围下才能养成，而父母应该成为这种氛围的营造者和维护者。所以，请父母自觉放下手机，关掉电视，坐在孩子的不远处，准备一本自己感兴趣的书，安静地开始阅读吧！在这种氛围下，孩子自然也会静下心去读书。2014年的安徽省高考状元董吉洋在接受采访时说："偶尔我也会厌学，不想看书。爸妈也发现了，但是他们不多说什么，而是把电视关掉，坐下来看书。我看到他们都在看书，也就不好意思不看了。"

02 父母应该给孩子树立坚持的榜样

在习惯养成的初始阶段，无论是孩子还是父母，都会感到非常痛苦，因为坚持本身就是一件非常煎熬的事情。而孩子能坚持多久，主要取决于父母能坚持多久，如果父母中途放弃或松懈，那么孩子也无法独自把这件事坚持下去。相反，如果父母能咬牙坚持，孩子看到父母的态度，也会学着父母的样子，坚持下去。这个过程虽然痛苦，但却是非常值得的。一旦熬过这段痛苦的时期，等习惯成为自然时，孩子和父母都将会变得轻松起来。2019年的广西高考理科状元杨晨煜的母亲表达过类似看法："监督他习惯养成的过程是很痛苦的，你得时时刻刻监督着他、留意着他。你自己也要自律，而不是像现在很多人，把孩子丢在那里给他一部手机就可以了。孩子养成好习惯以后，后面的路才好走。"

03 父母要善于用名人的榜样激励孩子

在空闲的时候，父母不妨多给孩子讲一些名人故事，让这些名人成为照亮孩子梦想的灯塔。家庭教育专家蔡笑晚在家里的书房墙壁上贴满了爱因斯坦、居里夫人、牛顿等科学家的画像，他一有空就给孩子们讲这些科学家的故事。在他的教育引导下，小女儿4岁时就告诉爸爸她要当中国的"居里夫人"，后来她发奋读书，在35岁时成了哈佛大学教授。对此我也深有感触。我女儿刚开始学弹钢琴的时候，需要反复练习指法，非常枯燥，学习了一段时间之后，女儿的意志有点松动了。这时候我们找了一些郎朗弹钢琴的视频，反复播放给女儿看，并且把郎朗弹钢琴的故事讲给她听，女儿得知郎朗每天至少要弹6个小时的钢琴之后，决定向他学习，不怕枯燥和辛苦，坚持把钢琴练下去。

父母一味靠口头督促和唠叨，是不可能让孩子养成良好的行为习惯的。这条道路没有任何捷径，唯一有效的教育办法就是父母带领孩子一起坚持下去，不退缩、不放弃。如果有一天父母发现自己不在身边，孩子也依然坚持做了某件事情，那就说明他的好习惯真正养成了。这种好习惯将伴随孩子终生，成为孩子一生享用不尽的财富。

学会自我管理，是孩子成长的最高境界

让孩子学会自我管理，是父母教育的最高境界；而孩子能够学会自我管理，则是他们成长的最高境界。一个能进行自我管理的孩子，未来也能管理好自己的人生。父母在教育孩子的过程中，最大的忌讳就是让自己成为事无巨细的父母，这会让很多本该由孩子自己完成的事情最后变成家长的事情。一旦孩子形成这样的固化思维之后，在他们眼里，小到穿衣吃饭，大到学习就业就都变成了父母的责任和义务，以后孩子但凡遇到点儿问题和挫折，第一时间想到的就是责问父

母为什么没有提前把这些事情安排好。

让孩子学会自我管理，与让孩子学会独立生活是两个不一样的概念。一个能够独立生活、学习的孩子，未必能把自己的人生管理得非常出色。因此，我们在培养孩子独立性格的同时，还要引导孩子学会合理有效地进行自我管理。

周恩来总理在5岁学写毛笔字时，就表现出了良好的自我管理素养。他给自己立了一条规矩：每天完成功课后，还要练习一百个毛笔字。有一次，他和乳母蒋妈妈去串亲戚，一路上风尘仆仆，年幼的周恩来困得直打瞌睡。到家之后，天色已经很晚了，好心的蒋妈妈催他快睡。当周恩来走到床前时，突然想起来自己的毛笔字还没写呢，说着便又回到书桌跟前。蒋妈妈见了，忙上前劝说："算了吧，今天不写，明天写二百个字不就补上了吗？""不行！"小恩来用恳求的目光望着蒋妈妈说，"不，今天的事情今天做，明天还有明天的事！"周恩来说完，便在凉水里洗了一把脸，把瞌睡虫全都赶跑后，接着便坐在书桌前认真地写了起来。

等到写完100个字之后，蒋妈妈劝他赶紧睡觉，可是周恩来看了看自己写的字，说里面还有两个字写得不够好。于是他又把这两个字各写了好几遍，这才爬上床去睡觉。周恩来生母、嗣母早逝，父亲常年在外谋生，因此他十一二岁便开始当家，管理家里的柴米油盐、外出应酬，很小就练就了和同龄孩子不一般的管理本领。

周恩来总理后来所取得的伟大成就，与他小时候在苦难中练就的良好的自我管理能力有很大关系。这个故事告诉我们，一个能管理好自己，管理好家庭的人，未来才有可能管理好自己的事业和人生。

要想培养孩子自我管理的能力，父母就要舍得放手，让孩子自己去处理一些事情。刚开始的时候孩子难免会出现很多失误，这是非常正常的现象，父母不必过于担心，等孩子总结经验和教训之后，处事自然会得心应手。现在的孩子大都是在父母的呵护下成长起来的，我们无法要求孩子做到像伟人那样严格自律，但完全可以从小事开始，逐步放手让孩子学习一些自我管理的办法。

下面我们就来探讨一下，从哪些方面着手让孩子学习自我管理。

01 引导孩子学会管理自己的时间

一个会自我管理的孩子，首先要学会管理自己的时间，知道如何合理地分配、使用时间，才能成为一个更高效的人。孩子对时间是没有概念的，当他洗脸的时候，你催促他快一点儿，说已经过去5分钟了，他根本不知道5分钟有多久，只会感觉父母的催促非常烦人，根本不愿听从父母的意见。这也就是为什么有的父母越催促，孩子反而越磨蹭的原因。

这个时候，父母不妨给孩子准备几个沙漏，时间分别为5分钟、10分钟、20分钟、30分钟。父母可以把这些沙漏交给孩子，然后告诉孩子洗漱大概需要5分钟，写作业大概需要20分钟或30分钟，让孩子根据沙漏来安排自己的计划。训练一段时间之后，孩子就会对时间有一个比较清晰的认识，大概知道自己应该在多长时间内做完一件事情。接下来父母可以跟孩子有一个总的时间约定，比如说今天晚上写作业需要一个小时，那么父母可以尝试让他自己来安排自己的作业顺序，一个小时之后，父母再来检查孩子的自我管理成果。

如果孩子能够按时完成作业，那么可以奖励孩子看一集动画片或玩30分钟，奖励的内容也可以让孩子自己来做主；如果孩子不能完成作业，也应该有相应的惩罚，比如取消一集动画片的观看权或者当天晚上的玩耍时间。同样的，惩罚的方式也可以让孩子自己来选择。通过这种训练，孩子会明白一个道理：如果没有按时完成作业，那么就不能看电视或玩耍了，反正作业早晚都得写，那还不如赶紧写完，好去看动画片或玩耍。在这种心理暗示下，孩子自然就会慢慢学着管理自己的时间。

02 引导孩子学会管理自己的情绪

一个拥有自我管理能力的孩子，除了能合理支配自己的时间之外，还应学着管理自己的情绪。如果孩子不能管理自己的情绪，就可能会沦为情绪的奴隶，每天被生气、伤心、失望等各种负面情绪所左右，变得消极颓废。孩子在成长的过程中，因为心智发育不太成熟，所以在看待问题时难免以偏概全，感性多于理性，以至于稍微碰到点儿挫折，就会情绪崩溃，号啕大哭或愤怒不已。这种情况下，父母应该指导孩子正确管理自己的情绪，不要让孩子陷在情绪的漩涡里爬不出来。正确管理自己的情绪，并不是说要让孩子完全把自己的情绪收回去，变成一个异常冷静的孩子，而是要引导孩子通过语言或其他合理的方式把自己的情绪表达出来，让对方知道自己的想法是什么。当孩子有一天学会用语言来疏解自己的负面情绪时，你会发现他整个人都变得平和了不少。

03 引导孩子学会管理自己的心态

孩子除了要学会管理自己的时间及情绪外，还应该学习管理自己的心态。学会用积极正面的视角去看待问题，这样即便他面对挫折，也能以积极的心态化解掉。举个简单的例子，孩子回家之后哭着告诉你，他和小朋友发生矛盾了，他的肩牌被另外一个同学撕破了。在这种情况下，父母的态度将直接决定孩子接下来的心态，如果父母对此表现得非常淡定，告诉孩子："也许他是不小心的，晚上我们重新做一个，看看明天他会不会再撕你肩牌。"孩子刚才还哭哭啼啼地等着父母为自己撑腰，听完你的分析，没准儿就会擦干眼泪跑去做新的肩牌了。同样的事情，我见过另外一种处理方式，妈妈告诉孩子"他为什么要欺负你，下次再欺负你，给我打回去！"孩子听完妈妈的呵斥，直接号啕大哭。同样一件事情，不同的父母给出了不同的处理方式，也让孩子看待事情的心态发生了变化。成长道路上，我们无法保证孩子一帆风顺，但是至少可以引导孩子学着用积极的心态去看待糟糕的事情，让自己少一些烦恼。

能够自我管理的孩子，非常清楚自己的优点和缺点在哪里，也明白自己奋斗的目标是什么。这样的孩子，不用父母天天督促，就能主动通过努力让自己变得更加优秀。

个人近50%的行为取决于无意识的习惯

　　如果仔细观察，我们会发现每个人生活中似乎都有一些无意识的举动。比如有的人喜欢无意识地抖腿，一抖就停不下来；有的人喜欢跷二郎腿，只要一坐下就会把腿跷起来；有人喜欢咬笔尖；而有些人喜欢转笔……这些行为都是无意识的举动，不用大脑发出指令，他们就会自然地做出这些动作来。其实，我们每个人有近50%的行为，都属于无意识的习惯。

　　当一种习惯经过反复训练之后，不用刻意思考就会出现某些行为，那么习惯就成自然了。习惯的养成一般有两种方式：一种是自愿，另外一种则要通过意志力来坚持。自愿坚持的习惯，不需要意志力的驱使就能下意识地去做出相应的行为，因而在行动的过程中感受不到什么痛苦。而另一种习惯则需要调动自己强大的意志力来迫使自己去坚持，在这个过程中，行为主体会感受到强烈的痛苦。鉴于这一点，我们要想让孩子养成某种习惯，最好让孩子从心理上能接受这个习惯，只有当孩子自愿接受这个习惯时，那么他在坚持时才不会感到那么受煎熬。在孩子感受不到煎熬和痛苦的情况下，他才可能长久地把这个习惯坚持下去。

　　环顾一下我们的生活就会发现，每天早上父母在孩子的耳畔焦急地催促他们起床、洗漱、吃早餐，而孩子的大脑却恍恍惚惚，仿佛游离在父母的指令之外。这是因为孩子的心里对这些事情非常排斥，才会在行动方面就表现得磨磨蹭蹭。如果这种排斥心理不及时扭转过来，孩子在很长一段时间内都无法摆脱拖拉、磨蹭的不良习惯。父母要想摆脱这个困局，最好的办法就是让孩子从心里明白，改掉这些坏习惯会给自己的生活和学习带来很多好处。如此，每天早上孩子不用再依靠顽强的意志力来逼迫自己，就能自觉主动地起床、洗漱、吃早餐等。

大家应该都读过鲁迅的《从百草园到三味书屋》，有这样一个故事。

有天早上，鲁迅因为给父亲抓药，上学迟到了。当时先生严厉地批评了鲁迅，并且叮嘱他以后不要再迟到了。鲁迅回到座位之后，在他的书桌右下角刻下了一个小小的"早"字，提醒自己以后再也不能迟到。从那天开始，鲁迅虽然经常要帮父亲抓药，但他却再也没有迟到过一次。而且，他后来的人生就像刻在书桌上的那个"早"字一样，时时早，事事早，笔耕不辍，为文学事业奋斗了终生。

鲁迅的事例告诉我们，当一个人从心理上接受了某件事情之后，不用依靠意志力来做支撑，也不需要外人的督促和唠叨，他就能自觉主动地坚持下去。时间久了，这种行为就变成了无意识的行为。永不迟到，对于鲁迅来说，就是一种无意识的行为习惯。

通过反复训练，我们完全有可能让一个好的行为变成一种无意识的习惯。人一旦适应了某种无意识的习惯，下次不用任何人提醒，他就会自然而然地做出这种行为。如果孩子能把一些良好的生活习惯和学习习惯变成无意识习惯，那么他今后的学习和生活将会有非常大的变化。

我们应该通过什么方法让孩子把良好的习惯变成无意识习惯呢？我认为以下几点内容是非常重要的。

01 让孩子意识到习惯的重要性

我们想让孩子养成某个习惯，一味的唠叨和督促是无法达到目标的，有的时候甚至可能会激起孩子的逆反心理，导致其跟父母对着干。这种情况下，我们应该通过引导，让孩子意识到这个习惯的重要性。比如我们可以告诉孩子，养成这个习惯之后，能给他的生活和学习带来哪些令人惊喜的变化。只有孩子从内心认可和接受了这个习惯的重要性，他才会自觉主动地坚持下去。举个简单的例子，如果孩子每次写作业都磨磨蹭蹭，喜欢做些小动作，那么这时候父母可以告诉孩子，如果作业完成太晚的话，他就没时间看动画片了；相反，如果能在规定的时间内完成作业的话，那么他就能多看一集动画片。父母把规则给孩子讲清楚之后，孩子就能意识到提高效率的重要性，接下来不用父母反复督促，他就能把写作业的速度加快。

02 养成习惯的过程应该循序渐进

如果一件事情需要顽强的意志力才能坚持下去，那就说明这件事情是比较痛苦的。在引导孩子养成良好习惯的过程中，为了降低孩子的这种痛苦感，我们可以把具体的过程放缓一点，通过循序渐进的方式让孩子逐渐养成这个习惯。举个简单的例子，孩子平时有赖床的坏习惯，不赖20分钟就不下床。这种情况下，我们可以引导孩子先在15分钟内下床洗漱，等孩子做到之后，我们再进一步制订计划，将起床时间限定在10分钟之内。通过循序渐进的方式来改变孩子的行为习惯，孩子不那么排斥，内心也不那么痛苦。如果你一下子就将他的起床时间从20分钟缩短到10分钟，那么孩子有可能在痛苦情绪的支配下，彻底否决你的这个建议。其实很多习惯的养成，都应该遵循循序渐进的规律，这样才能获得最佳的教育效果，否则一味地着急，只会让事情变得更加糟糕。

03 通过巩固，让它变成无意识习惯

孩子一旦养成某种习惯之后，我们要引导孩子继续把它巩固下来。通过一段时间的巩固，这种习惯就会变成孩子无意识的举动，今后不用父母督促，他自然就能做好这件事情。比如，一个学会了游泳的人，即使意外落水，他也会下意识地自己扑腾着游上来；一个学会了骑自行车的人，双脚放在脚蹬上，他就能自动地往前骑行，这就是无意识习惯的巨大能量。

孩子有了好习惯，父母可以更轻松

如果孩子什么事都要依赖父母，那么父母注定无法轻松，吃喝拉撒、衣食住行、学习交友，每一项都需要父母为他操心。解决这些问题最有效的办法就是让孩子养成好习惯。

生活中有一个奇怪的现象：父母越"懒惰"，孩子越优秀。很多

高考状元在谈到自己的学习经验时，都会说到一点，那就是要养成良好的学习习惯，不要让父母操心。这些学霸的父母，并非个个都是饱读诗书的精英人士，相反，他们跟我们一样普通，只不过他们帮助孩子培养起了良好的生活习惯和学习习惯而已。

你会发现，父母不懂得放手，反而会使孩子的成绩变得更糟糕，双方拼尽全力，疲惫不堪，最后陷入了恶性循环。相反，有些父母，虽然文化水平不高，但却懂得"用巧力"，会把有限的精力放在引导孩子养成好的习惯上面，让孩子独立规划自己的学习和生活，同时父母也省心不少。

曾经有人在网络论坛上问过这样一个问题："有一个学霸的孩子是什么样的一种感觉？"学霸的父母是这样回答的：

1.很省心，科科几乎满分，学习不费力、不偏科，不需要家长辅导。

2.作业都在学校完成，回家就看自己喜欢的书。

3.比较烦恼的是，晚上不催他睡觉，他能看书看到一两点。

4.不敢在家长群里问成绩，怕有炫耀的嫌疑。

"很省心"，是学霸父母对自己孩子的客观评价，不用父母督促，孩子就会主动看书到夜里一两点。拥有一个如此自觉的孩子，父母怎会不轻松？因此，父母如果想省心，就得想办法让孩子养成自觉的好习惯。好习惯的养成，并非一蹴而就，而需要从生活中的点点滴滴入手，逐步培养孩子自觉做事的良好习惯。我挑选了几件有助于孩子养成好习惯的生活琐事，父母不妨从这几件事入手引导孩子。

01 让孩子每天自己准备换洗衣物

孩子上学之后，你会发现，每天给他准备换洗衣物其实是一件挺麻烦的事情。你准备好了牛仔裤，可孩子却嚷嚷着非要穿运动裤；你准备好了衬衫，他却嚷着想要穿T恤。这样一来，虽然每天花费在换洗衣服上面的时间不多，但却让人非常纠结，因为你不知道该给孩子准备什么样的衣服。其实，这样的小事完全可以交给孩子来打理，由他自己挑选当天需要穿的衣服。很多父母担心孩子不会根据天气情况给自己增减衣物，害怕孩子着凉感冒，其实这样的担心是多余的，只要让孩子亲身感受几次冷暖，他自然就能学会穿衣搭配。等孩子完全可以独立地为自己准备换洗衣物时，父母将会感觉轻松很多。

02 让孩子根据课表准备上课用书

女儿程程上小学之后，学习科目增多了不少，学校要求孩子每天根据课表准备第二天要带的书本，这是每天必做的事情，很烦琐。开学当天，我拿到学校的总课表之后，第一时间就帮女儿制作了一份新课表，粘贴在她的书桌上，然后带着女儿把新课表熟悉了一遍。第二天晚上，我就让女儿根据新课表准备自己第二天早上要用的书本。开学第一周，我和先生会帮她检查一遍书包，看看有没有遗漏书本；从第二周开始，这件事情就完全交给女儿自己去负责，她为了不耽误第二天的课程，头天晚上都会认真检查一遍书本，确保没有遗漏。准备书本是件很小的事情，但却非常有助于培养孩子独立、负责的良好习惯。父母千万不要为了帮孩子节省时间，就大包大揽地替他准备书本，因为一旦形成这样的习惯，以后这些事情就完全变成父母任务了。

03 让孩子收拾自己的玩具及书桌

多数孩子玩玩具时，不是一个个地拿，而是喜欢把所有的玩具都拿出来，一会玩玩这个，一会玩玩那个，不一会儿，客厅里就摆满了各式各样的玩具。尽管有些妈妈早已形成了替孩子收拾玩具的习惯并习以为常，但这绝非明智之举。其实这件事情可以有更好的解决办法，即我们应该引导孩子养成合理拿取玩具的好习惯。比如，可以规定孩子一次只能拿一两个玩具，最好不要超过4个，玩够了之后，先把它们放回原处，才能再拿其他玩具。这样做，既有利于让孩子养成收拾玩具的习惯，也有利于培养孩子的注意力和探索的兴趣。同样的，收拾书桌也是如此。我们不要主动帮孩子收拾书桌，而应引导孩子养成有序拿取书本的好习惯，用完一本书之后，应立即将书本放回原处，再拿另外一本书。这个好习惯一旦养成，不用父母费太大精力，就可以让孩子的书桌保持整洁有序。

04 学习的事情由孩子自己来安排

学习是孩子自己的事情，父母不应过多干预。孩子在一二年级的时候，父母可以适当提醒孩子合理安排作业时间，但是等孩子进入三四年级之后，父母就可以逐渐放手，让孩子制订自己的学习计划。比如，先做哪门功课，哪门功课用多长时间，这都是孩子自己的事情，父母没必要跟着孩子"瞎操心"。真正用心的孩子，不用父母在旁边陪伴，他们就能合理、有序地完成自己的作业；三心二意的孩子，即使父母陪在身边，他们也未必会专心致志地学习。所以，学习主要在于孩子自己用不用心，而不在于父母陪伴与否。让孩子用心学习的最好办法，就是让他发自内心地认识到，学习是他自己的事情。如果父母天天扯着嗓子在孩子的耳旁催促、提醒，时间久了，孩子就会认为学习是父母的事情，父母不催促，他就不着急。这样慢慢就会形成一种恶性循环，对父母和孩子都不好。

05 小问题交给孩子自己去解决

把小问题交给孩子自己去解决，既可以培养孩子独立、坚强的性格，又可以让父母减轻很多负担。孩子在成长的过程中总会遇到各种各样的烦恼，父母不可能永远站在前面，帮孩子解决所有的问题。为了孩子的长远发展，父母应该逐渐放手，让孩子学着去解决成长中的小问题，作为父母，我们要相信孩子具备这样的能力。有个朋友跟我诉苦，说她的孩子刚上小学不到两个月，就遇到了好几件糟心的事。一次是孩子不小心被同学绊倒了，两个人为此争吵不休，结果同时被老师罚站；还有一次，孩子好心把雨伞借给了另外一个同学，结果他的同学第二天却忘了把雨伞还给他，这让他伤心不已。面对这些糟心事，朋友的处理方式是不断发信息给老师及对方家长，甚至与孩子的同学直接进行沟通，想替孩子解决这些问题。结果事与愿违，她的做法引起大家的不满，导致很多同学都不愿意再跟她的孩子一起玩耍了。我的建议是劝她放宽心，人际交往的小事就交给孩子自己去处理，大人参与进来，不仅出力不讨好，还会把简单的事情搞复杂。

你要相信，优秀也是一种习惯

多年前，我在大学毕业前夕，陪一个朋友去拜访一位老师，这位老师在哲学方面有很深的造诣，深受大家的敬重和爱戴。拜访结束之前，朋友问了老师这样一个问题："老师，我考研失败了。接下来，我打算去上海的一家餐厅打工，边赚钱边考研。如果我明年再考不上的话，我会选择去工作，您有什么好的建议吗？"老师沉思了一会儿，对朋友说了这样一番话："你要相信，优秀是一种习惯，只要你有优秀的能力，你在任何领域都可以做得很好。要知道，能力是可以迁移的，习惯也是。"

时至今日，我依然记得老师说的那句话，"你要相信，优秀是一种习惯"。即便你在酒店当服务员，只要你有优秀的信念和习惯，你也可以坐到大堂经理的位置。人生不能凑合，既然认定一件事情，就要努力把它做到极致，这就是优秀的习惯。

如果孩子具有了追求优秀的习惯，那么他在做事情的时候，不用父母督促，自己就会努力做到最好。如果我们仔细观察就会发现，一个学习优秀的孩子很少会出现偏科的问题，这是什么原因呢？其实，这就是追求优秀的习惯所带来的能量，这种能量会支撑着孩子努力把每个学科都学得最好，即便在学习的过程中出现了一些"拦路虎"，他的这种韧劲和拼劲也会促使他刻苦钻研，直到把"拦路虎"彻底消灭掉。有着追求优秀习惯的孩子，他的人生字典里没有"得过且过"

和"敷衍了事"这几个字，这样的孩子，想不优秀都难。

　　一个北大学霸在谈及自己的成功经验时，说过这样一段话：如果你没有试过在暑假放弃游戏、看剧、打球、聊Q的时间来做一套理综卷；如果你没有试过要求自己在周日早上6：30起床洗漱，7：00到教室早读、上自习，等着食堂开门；如果你没有试过在算了5遍解析几何，却仍然算不出来的情况下，逼着自己在一张新的草稿纸上继续工工整整地演算第6遍；如果你没有试过，那你就没有资格说"学不进去"，因为你连想要学进去的欲望都没有。

　　如果你化学成绩次次不及格，却没有试过把书认认真真看了一遍又一遍，哪怕把不懂的一丁点儿问题写在本子上，一个一个地找老师解决；如果你物理成绩每每拖后腿，却没有试过把自己不会的题型罗列出来，再在基本的作业量之上给自己找10道类似的题反复练习；如果你生物选择题总是错2道以上，却没有试过罚自己每错一道就在操场上跑两圈，那请你不要用"没有学生物的天赋"当作逃避的理由。

　　北大学霸的经验之谈告诉我们，没有谁生来就是优秀的，所谓的优秀，不过是喜欢把平凡的事情做到极致而已。当你能够做到这一点时，你也就具备了优秀的好习惯。

　　我们无法要求自己的孩子生来就天资过人或成绩斐然，但我们可以在他成长的过程中不断培养他的韧性和耐力，鼓励他把每一件平凡的事情都努力做到极致，这样等待他的终将是骄人的成绩。

　　要做到这些其实并不难，生活和学习中的每一件小事，都可以成为孩子磨炼自己性格的好机会。

01 自己选择的事情，再苦也应该坚持下去

孩子是没有定性的，他的天性就是"喜新厌旧"。具体表现就是今天喜欢这个玩具，明天喜欢那个玩具；今天想学钢琴，明天又想学画画。但是作为父母，我们不能任由孩子随心所欲地去做一些事情，而应该告诉孩子，自己选择的事情，再苦也应该坚持下去。如果你不想让孩子把这句话当作耳旁风的话，就要通过一件件事情让孩子知道你的态度是什么。举个简单的例子，比如孩子喜欢学画画，你尊重他的意见，给他报了一个绘画班之后，他却嫌画画太辛苦，吵着要放弃。这时候，你就应该拿出坚定的姿态来告诉他："不能轻易放弃，坚持200天之后，再来跟我谈这件事。"孩子看到你坚定的态度，便会试着坚持画下去。

02 世界上没有一帆风顺的事情

孩子的抗挫能力比较低，往往一遇到困难就退缩或者发脾气。这时候我们要告诉孩子，世界上没有一帆风顺的事情，遇到困难是一件很正常的事情，从现在开始，你就要学会接受、拥抱困难和挫折。如果父母不断地给孩子强化"所有事情都有困难""有困难很正常"这样的观念之后，当孩子再次遇到困难时，就不会表现得那么焦虑了。有的时候，孩子哭泣其实是一种试探，他在试探父母对这件事情的底线在哪里。如果父母表现出了犹豫的态度，那么孩子就会选择放弃这件事情，因为他知道父母开始心疼他了；而父母这时候如果只是一脸淡定地告诉他"有困难算多大事儿啊，这不很正常吗！"孩子反而会擦干眼泪，不再娇滴滴地哭求安慰。

03 尽最大努力，挖掘潜能

我女儿的班里进行过一次期中测试，考试结果出来后，我听到一位妈妈跟孩子说："考80分也可以呀，你已经很棒了！要不是粗心大意，你能考90分。"孩子听完妈妈的话，立即破涕而笑。是的，考80分确实也很棒，但是作为父母，我们不能为了鼓励孩子，面对任何事情都敷衍地说一句"你很棒"。"你很棒"这句话，只有在孩子已经尽了最大的努力之后，才可以如此夸奖他。否则，当这句话被滥用之后，就失去了本来的鼓励效果。这样做会让孩子觉得，无论我考多少分，无论我做多少事，父母都会夸奖我，那我又何必更努力呢？父母在教育孩子时，正确的态度应该是，告诉孩子这件事情你可以做到90分，但如果你只做到了80分，那么就还有提升的空间，再努力一下可以发挥更大的潜能。当孩子养成了对自己严格要求的习惯后，他无论做任何事情，都会想着尽自己最大的努力去做好，而不是敷衍了事。

孩子的潜力是无限的，不逼他努力一把，他永远都不知道自己有多么优秀。一个人能否优秀小部分靠天分，大部分靠努力。如果孩子每一件事情都能通过自己的努力做到极致时，他也就养成了优秀的习惯。

第6章

小学各年级
习惯培养清单

很多家长都希望能培养出优秀的孩子，那么就从培养孩子的好习惯做起吧。一个具有良好生活习惯和学习习惯的孩子，他的成绩一般不会差。一、二年级是孩子学习生涯的奠基阶段；三年级是至关重要的分水岭；四、五年级是开发学习潜能的关键时期；而六年级又是面临"小升初"的转折期。在这些不同的年级阶段，我们应当引导孩子养成不同的好习惯。

一年级应当养成哪些习惯

"幼升小""小升初""初升高"都属于教育衔接的阶段。在教育衔接阶段，父母需要格外注意孩子的生活习惯及学习习惯的养成，这样才能让孩子顺利地过渡到下一个教育阶段。其中，幼小衔接无疑是最为重要的一个衔接阶段，从市场上炙手可热的幼小衔接强化班就能看出来其重要性。

家长之所以愿意支付高额的学费，也要把孩子送到幼小衔接班，就是因为一年级是孩子学习生涯的开端和基础。如果把孩子的整个学习生涯比作一幢高楼，那么一年级无疑是整幢高楼牢固的地基。孩子在一年级养成的良好习惯，对于他未来若干年的学习生涯而言，无疑起着奠基的作用。

可是，孩子一入小学，很多家长却不由自主地把教育的重心放在了他们的成绩方面，整日纠结于孩子的数学题做得对不对，孩子50

以内的加减法熟不熟练，孩子的拼音进度如何……这其实是一种本末倒置的教育方法。俗话说，磨刀不误砍柴工。帮助孩子养成良好的生活习惯和学习习惯，才能让孩子的学习效率起到事半功倍的效果。

小菲今年上小学一年级了，妈妈原本觉得她应该能懂事不少，结果发现真正的"噩梦"才刚刚开始。每天放学之后，妈妈为了不耽误小菲写作业的时间，都会提前把饭菜端到小菲面前，然而，小菲坐在饭桌前一会儿玩玩具，一会儿看看手机，妈妈催促了七八遍，小菲才勉强吃完了晚饭。

到了写作业的时间，妈妈帮小菲把她的课本全部放在书桌上，方便小菲拿取。可是，妈妈转身去厨房忙碌的时候，一回头发现小菲还坐在书桌前发呆，于是急忙提醒小菲赶紧写作业，结果小菲说："妈妈，我想让你陪我写作业，我一个人太无聊了。"在小菲的再三要求下，妈妈只好坐在小菲旁边，陪着小菲一起写作业。时间不知不觉过去了一个半小时，妈妈发现原本只需要30分钟写完的作业，小菲竟然还在磨磨蹭蹭地写着。妈妈气得冲小菲发脾气道："你怎么回事？这么简单的题目需要一个半小时吗？"在妈妈的再三怒吼声中，小菲才哭哭啼啼地写完了所有的作业，妈妈一看表，小菲竟然整整用了两个小时。

案例中的小菲显然并没有养成良好的生活习惯和学习习惯。首先，对于一年级学生来说，完全可以自己的事情自己做了，比如可以自己端饭菜，还可以顺便帮父母摆摆碗筷。可是小菲显然没有养成这样的生活习惯。除了生活自理能力差之外，小菲的学习习惯也不太好，比如坚持要求妈妈坐在身边才肯完成作业，而且写作业时还磨磨蹭蹭，效率非常低下。照这样发展下去，小菲以后的学习很难取得大的进步。所以，小菲妈妈现在要做的事情不是当好女儿的"后勤兵"，而是应该把精力花费在帮助女儿培养良好的学习习惯和生活习惯方面。

其实小菲的问题也是很多一年级学生都会遇到的问题，在这里，我就跟大家聊聊一年级小学生应该具备哪些行为习惯。

01 生活要有规律，不拖沓

孩子进入小学一年级之后，最大的变化就是有了严格的时间概念，既不能迟到，也不能早退。所以，父母一定要帮助孩子改变生活拖沓的毛病，督促孩子养成遵守时间的好习惯。晚上孩子写完作业之后，父母应当督促他准备好第二天的学习用品，尽快洗漱睡觉，让他养成早睡早起的好习惯；孩子早上起床之后，洗漱、吃饭这些生活小事都应该在规定的时间内完成，不要纵容孩子拖拖拉拉；孩子应该养成独立生活的习惯，自己的事情自己做，比如晚上刷牙洗脸，早上穿衣穿鞋，父母都应该让孩子独立完成，不要为了节省时间而帮助孩子。生活习惯是学习习惯的基础，一个连生活小事都拖沓的孩子是不可能高效率地完成作业的。

02 学习应该注重习惯而非内容

在学习方面，父母不应该纠结于孩子学了多少个知识点，而应该重视孩子学习习惯的培养。一般而言，一年级的学生应该要做到按时完成作业，不能养成拖拖拉拉的毛病。如果当天的作业需要在30分钟以内完成，那么父母就不要纵容孩子花费60分钟的时间。如果父母发现孩子在写作业的过程中有走神或者做小动作的习惯，一定要及时纠正，千万不要让孩子由着自己的性子，写到几点算几点，这是一种非常糟糕的学习习惯。任其发展下去，孩子写作业的时间只会越来越长。除了督促孩子按时完成作业之外，父母还应引导孩子学会正确的读书、写字姿势，如果发现孩子写字有弯腰驼背的毛病，一定要提醒孩子改过来。在培养写字习惯的过程中，父母不要过多追求写字数量，哪怕孩子在规定的时间内只能写完两行字也没关系，只要孩子写字的姿势正确就可以了。

03　要学会和同学友好相处

一年级的孩子应该学会和同学友好相处。当同学之间发生一些小矛盾、小摩擦时，父母应该引导孩子学会正确处理纠纷的办法，告诉孩子不要打架、骂人；告诉孩子要养成乐于助人的好习惯，如果发现班级里有同学需要帮忙的时候，要尽可能地提供帮助，因为这些同学将陪伴他一起走过好几年的时光；同时父母还应该告诉孩子，如果有同学向他提供了帮助，一定要及时向对方表达感谢。同样，如果不小心伤害到了别的同学，也要及时向对方表示歉意。总而言之，应该让孩子养成文明礼貌的好习惯，这样他才能更好地与同学和睦相处。

04　要有集体意识和爱国意识

孩子在幼儿园时，虽然有了朦胧的规则意识，但言行举止还是比较我行我素。等孩子进入一年级之后，应该对集体和国家有一个清晰的认识。我们可以告诉孩子，你是班级里的一员，以后你的一言一行都影响着班级荣誉。集体意识能够在无形之中促使孩子向着更好的方向努力。除了集体意识之外，一年级学生还应该知道"祖国"的含义是什么，并具有初步的爱国意识。在平时的生活中，父母应该用实际行动教导孩子热爱我们的祖国。爱国的形式有很多种，比如在国庆假期，父母可以带领孩子一起创作一些以爱国为主题的手工作品或绘画作品；平时也可以让孩子多聆听一些经典的爱国歌曲，帮助孩子培养浓烈的爱国情怀。

总而言之，一年级是基础教育的基石，也是孩子养成良好行为习惯的关键时期。父母应该把教育的重点落在培养孩子良好的行为习惯上，不骄纵、不放纵孩子，为孩子今后的学习和生活打下坚实的基础。

二年级应当养成哪些习惯

如果把一年级比作一幢大厦的基石，那么二年级则是进入大厦的门口坡道，孩子需要花费一定的力气，才能慢慢爬上这个坡道。能顺利爬过这个坡的孩子，未来的学习会越来越顺畅，而对于爬坡有些费力的孩子而言，之后的学习也会比较辛苦。

二年级阶段，父母应该继续引导孩子养成良好的生活、学习习惯，为未来的生活和学习奠定牢固的基础。凡事贵在坚持，养成习惯也是如此。而有些父母在帮助孩子改善不良习惯方面的决心很大，但是在孩子惰性的对抗下，有些心软的父母最终选择了"缴械投降"。

蕾蕾当初上一年级时，爸爸妈妈就下定决心要让蕾蕾养成良好的生活习惯和学习习惯。为了达成这个目标，他们特地和蕾蕾"约法三章"：在规定时间内写完作业，晚上可以观看两集动画片作为奖励；早上起床后能独立洗漱、吃早饭，晚上回家可以自由玩耍30分钟。

刚开始，蕾蕾为了得到奖励，自觉地投入到了学习之中，根本不用爸爸妈妈催促。可是后来有几次，蕾蕾写作业时磨磨蹭蹭，没有在规定时间内完成作业。当妈妈宣布取消她晚上的动画片观看权之后，蕾蕾伤心得号啕大哭。结果妈妈一时心软，又答应了让她看动画片。此后，类似的情况屡次出现，而"约法三章"的事情便不了了之了。

蕾蕾上了二年级之后学习任务和难度都加大了不少，而爸爸妈妈发现蕾蕾的学习状态已经完全跟不上正常的节奏了，他们非常懊悔当初放弃让蕾蕾培养良好习惯的努力。

案例中的蕾蕾上一年级时没能养成良好的学习习惯，所以刚升入二年级，她的学习就有点儿跟不上了。其实，蕾蕾的父母在她读一年级的时候，就不应该放松心态，任由蕾蕾破坏规则。要知道，习惯的养成并非一日之功，需要父母和孩子坚持多日才能逐渐养成。在这期间，无论孩子如何偷懒、懈怠，父母都应该坚持原则，督促孩子坚持下去。

如果孩子在一年级时没能养成良好的学习、生活习惯，那么父母也不要过度自责，当务之急是把握住孩子在二年级的改正机会，继续将培养良好习惯作为教育孩子的重点。对于那些在一年级时已经基本做到了生活规律、学习自觉的孩子而言，接下来要做的事情就是继续巩固已经养成的良好习惯，千万不能放松。

以下几点，是二年级学生依然要坚持完成的事情。

01 要养成提前预习的习惯

孩子经过一整年的适应之后，一进入二年级，就要培养自主学习的良好习惯。对于二年级的孩子来说，上课认真听讲，独立完成作业是最基本的要求。除了这些之外，父母还应该引导孩子养成提前预习的习惯。父母可以要求孩子每天晚上写完作业之后抽出半小时预习老师第二天要讲的内容，这样在第二天听课时，就能轻松跟上老师的节奏，变被动听课为主动听课。原先在预习中已经明白的知识点，经过老师的讲解会得到进一步的巩固；而那些在预习中不明白的知识点，在老师的帮助下也会得到解决，这种高质量的学习方式，可以极大地提升孩子的学习效率。

02 每天预留一些课外阅读的时间

很多家长不愿意让孩子阅读课外书籍，一来他们担心孩子所阅读的课外书不太适合孩子，二来他们也担心阅读课外书会占用孩子很大一部分时间和精力。其实，对于二年级的学生来说，一味依靠课堂上的讲解以及固定的教科书来学习是远远不够的。课本只是起一个引导和示范的作用，它把孩子带入学习的"门"之后，还需要孩子通过大量的课外阅读来丰富自己的知识体系。在课外阅读的过程中，孩子的眼界变得更加开阔，知识储备也变得更加丰富。课外阅读是对课本知识必不可少的补充和拓展，父母应该改变一味"靠课本"的陈旧学习理念，引导孩子多阅读、爱阅读，让孩子养成课外阅读的良好习惯。

03 自主学习的能力应有所提升

进入二年级之后，孩子自主学习的能力应该有进一步的提升。如果孩子的独立性稍差一些，父母可以选择坐在离孩子稍远的位置上，循序渐进地引导孩子养成自己写作业的习惯；对于一些独立性稍强的孩子，父母可以让他独自坐在书桌前完成作业，不用父母陪伴在侧。当孩子能够独自坐在书桌前完成作业后，父母可以尝试让孩子自主安排自己的作业顺序，不用事事管束。除了以上两点，二年级的学生通过提前预习和听老师的讲解，应该对自己的学习情况有一个大致的了解，知道哪些地方掌握得不错，哪些地方掌握得还不够。父母晚上应该给孩子预留一点儿自由时间，让孩子自己查缺补漏。

04 生活方面应该更加独立

孩子进入二年级之后，生活自理能力相较一年级时应该有更大的进步。除了每天穿衣洗漱之外，孩子还应该逐步养成自己起床的良好习惯，不要再让父母反复催促。晚上睡觉前，父母可以帮助孩子设置好闹钟，第二天闹钟一响，孩子就应该自觉起床洗漱。孩子能独立做好自己的事情之后，父母可以适当让孩子参与一些家务活。比如周末大扫除的时候，可以让孩子帮着父母扫扫地、擦擦桌子，或者洗一些小衣物等。这么做，一方面可以进一步培养孩子独立生活的能力，另一方面也有助于培养孩子的责任意识。

05 学会友善地对待身边的每一个人

二年级学生应该具有初步的是非观念和善恶观念，知道哪些行为是正确的，哪些行为是错误的。在学校与同学相处时，应该表现得更懂文明礼貌，具体表现在：当自己做错了事情时，要勇于承担自己的责任，主动向对方道歉，请求对方的原谅；不欺负比自己弱小的同学，也不嘲笑有缺陷的同学，知道这种做法会伤害同学的自尊心；当老师和同学对自己提出好的意见时，要抱着谦虚的态度去接受；知道感恩老师和父母，在学校尊重老师，回到家之后也能体谅父母的辛苦，自己的事情自己做好，空闲的时候帮助父母做些家务活，尽量少让父母操心。

二年级是爬坡阶段，在爬坡的过程中无论孩子还是父母，都会有感觉吃力的时候。在关键时刻，要彼此鼓劲、加油，争取在二年级结束时能让孩子真正养成自主学习、独立生活、讲礼貌的好习惯。

三年级应当养成哪些习惯

孩子经过两年时间的磨合，进入三年级之后，无论在学习方面还是生活方面，应该都有了不小的进步。这时候，很多父母都觉得心里轻松了不少，认为"娃终于长大了，我们也解放了"。可是，在这里我要给广大偷着乐的父母泼一盆冷水，因为有一个可怕的"三年级现象"在等着我们。

这个"三年级现象"就具体表现在很多孩子进入三年级之后，会出现上课思想不集中、学习成绩下滑的现象，严重的情况下，孩子甚至会出现厌学现象。我们先来看一个案例吧。

　　9岁的梓铭在上一、二年级的时候，语文、数学和英语3科成绩都在95分以上，就在父母理所当然地认为他在三年级也应该如此的情况下，现实却给了他父母当头一棒。开学不久，梓铭的妈妈就被老师叫到学校谈话——梓铭上课注意力不集中，动不动就走神。老师告诉梓铭的妈妈，当他对上课走神的梓铭提出意见之后，梓铭不仅没有虚心接受老师的意见，反而对老师表现出了极大的不满，认为老师是在故意找碴。

　　梓铭的妈妈心想，孩子不听老师的管教，只有自己亲自出场了。于是接下来的日子里，妈妈每天晚上都陪在梓铭身边，看着他写作业。不久以后，妈妈发现，遇到简单的题型，梓铭不愿意下笔，只是嘟囔着说"我会了"，可是当她逼着梓铭做题时，却发现他总是做不对。等她按捺住心中的怒火，准备给梓铭讲解时，却发现他突然像换了一个人一样，扔下笔，冲进了自己的房间里。

　　梓铭遇到的情况，就是典型的"三年级现象"：上课思想不集中，成绩下滑，面对老师和家长的批评教育，孩子还会表现出叛逆的行为，故意和老师、父母作对。要想解决"三年级现象"问题，父母首先需要了解出现这些现象的深层次原因，只有对症下药，才有可能药到病除。

　　一般而言，出现"三年级现象"的原因有以下几点。

　　首先，课程难度增大，这是出现"三年级现象"的直接原因。孩子在上小学一、二年级时，无论数学、语文还是英语，课程设置都比较简单，孩子们学习起来相对比较容易。对于考试，很多孩子都能轻轻松松考到90分以上，这会让父母和孩子产生一种错觉——"学习也不难嘛"。可是等孩子一进入三年级，却发现事实并非如此。语文的阅读理解、写作难度大幅上升，数学从简单的加减运算过渡到了乘除运算，这都要求孩子具备更强的思维、理解能力。而那些原本基础就不扎实，思维不太敏捷的孩子学习起来就比较吃力，这会让这些孩子直接产生厌学的心理。

其次，孩子的自控能力尚且不足，是出现"三年级现象"的另一个原因。很多一、二年级的孩子，在写作业时都有父母陪在身边，久而久之，孩子就对父母陪写作业产生了依赖心理。可是等上了三年级之后，很多父母认为孩子已经长大了，应该独立完成作业了，于是就会放手让孩子独立去完成作业。在这种情况下，一些自控能力不足的孩子没有了父母的陪伴，就会出现思想不集中，学习不专注的不良习惯，久而久之，学习成绩也会随之下滑。

最后，人生的第二个叛逆期也会让孩子产生一定的对抗情绪。7~9岁的孩子将要经历人生的第二个叛逆期，对于小学三年级的孩子而言，他们正好处于第二个叛逆期萌芽的阶段。这个年龄阶段的孩子会认为自己是个"准大人"了，很多事情都喜欢自己做主，不再愿听大人的管教。这一时期的叛逆行为具体表现为：不愿意让任何人指责自己；情绪波动剧烈，反复无常；有完美主义倾向，不能接受糟糕的事情；喜欢跟父母顶嘴，比如常说"我不听""我讨厌你"等一些具有对抗倾向的话语。

看完上面的分析，有人会有一种"才下眉头，却上心头"的感觉吗？原本打算等孩子进入三年级以后长舒一口气的父母，瞬间又被打回了"地狱"。不过不要着急，面对孩子的"三年级现象"，我们完全可以通过耐心的教育和引导，帮助孩子们爬过这道坎。

孩子进入三年级之后，父母的确不需要再把很多精力放在督促孩子的学习，照顾孩子的生活上面，但却需要发挥家长的教育、引导作用，帮助孩子养成一些良好的生活、学习习惯。孩子一旦养成了良好的生活、学习习惯，就会平稳、顺利地重新做回那个专心、认真、懂事的好孩子。要完成这样的目标，我们应该把教育的重点放在培养孩子的自控能力方面，有以下几点做法。

01 帮助孩子建立有序的学习计划

孩子进入三年级之后，随着课程负担的加重，学习时间相对也会变得更加紧张。因此，需要家长帮助孩子制定一套严格的学习计划，让孩子逐渐养成有序完成作业的良好习惯。父母可以根据孩子的学习情况，按照先易后难的顺序，将作业顺序固定下来。比如孩子的英语成绩最好，数学成绩次之，语文成绩靠后，那么父母可以将孩子的作业顺序调整为英语、数学、语文，孩子按照这样的顺序写作业，不会感觉太疲劳，当然也就更利于顺利地完成学习计划。

02 帮助孩子将作业时间固定下来

父母和孩子沟通之后，应该尽量帮助孩子将作业时间固定下来，比如双方约定每天做作业的时间最长不要超过两个小时，完成作业的时间最晚不要超过晚上9点。每天孩子放学回到家之后，提醒他快速、有效地完成家庭作业，尽量不要超过双方约定的时间。为了促使孩子养成这样的好习惯，父母不妨采取一定的奖惩措施。比如，孩子当天按时完成了所有作业，就可以允许他挑选一集动画片观看，或者允许孩子自由阅读自己喜欢的画本等。

03 父母应该逐步减少陪写作业的时间

孩子在上一、二年级时，很多父母都会搬个凳子陪坐在孩子身边，盯着孩子写作业，慢慢地，孩子就会对父母的陪伴产生一种依赖心理。这种依赖心理具体表现为：如果父母坐在身边，那么孩子就会自觉地开始学习；可是一旦父母离开，那么孩子就会不由自主地做小动作或者走神。遇到这种情况，父母既不能指责打骂，也不能放手不管，而应该循序渐进，逐步减少陪孩子写作业的时间。比如，第一周陪伴一小时，第二周陪伴40分钟，直到完全不陪伴。慢慢地，孩子就会自然而然养成独立完成作业的好习惯。

除此之外，父母在教育、引导三年级孩子时，还应该时刻提醒自己，孩子正处于人生中的第二个叛逆期，需要父母更有耐心地陪伴和教育。只有这样，才能减少孩子的对抗心理，如果父母一味地急功近利，逼迫孩子好好听课、认真学习，就会适得其反，让孩子更难跨过这道坎。

四年级应当养成哪些习惯

四年级是一个比较特殊的时期，这么说是有科学根据的。四年级的孩子正处在儿童期的后期阶段，大脑功能逐渐发育完善，具有了抽象思维能力，注意力也有了明显的提高。当然，这个阶段，孩子的记忆能力、理解能力、思维能力和表达能力也都快速发展，是开发学习潜力的关键时期。因此，父母要把握好孩子的这一发展机遇，努力帮助孩子提升学习能力和意志能力，将孩子的学习和生活向前推进一大步。

另外，四年级这个年龄阶段的孩子正经历着人生的第二个叛逆期，在这个阶段，孩子有了一定的知识储备，也掌握了一定的学习方法。因此，他们会觉得自己是"最厉害"的人，当老师或父母对他们的学习方法或学习习惯提出不同的意见时，会表现出抵触情绪，对别人的说教感到厌烦。

这种情况下，父母要给予孩子足够的理解和尊重，这远比送给他们一个贵重的礼物更能让他们感觉到开心。当孩子在学习上出现问题时，父母应该尽量用平等的姿态与孩子沟通，让孩子尽可能接受你的建议，否则一味依靠命令和控制，只会让孩子的叛逆心理越来越严重。

我们来看一个案例吧。

9岁的周周是一名四年级的小学生，最近他经常在做作业的时候偷偷玩手机，妈妈看到之后就狠狠地批评了他几句。没想到，周周不仅没有感到愧疚，反而和妈妈争辩道："我天天学习，天天写作业，就玩一会儿手机，你还骂我，真烦人。"周周这一争辩彻底把妈妈惹怒了，妈妈提高嗓门吼道："这么大的孩子了，还不知道好好学习，整天让我催、催、催，你要是这样干脆别上学了！"其实，妈妈说的只是一句气话而已，没想到周周"砰"的一声关上门，彻底不写作业了。

案例中的周周现在正处于人生的第二叛逆期，他觉得自己已经真正"长大"了，不需要再听父母的唠叨了。为了证明自己已经"长大"了，他会通过各种方式与父母进行争辩，以此来证明自己是正确的。因此，当他偷偷玩手机被妈妈发现之后，他的第一反应不是认为自己做错了，而是觉得妈妈管得太宽，完全限制了他的自由。他觉得自己玩够了自然会去学习，妈妈没必要上纲上线，对他发脾气。

其实周周的这种表现在四年级学生中非常普遍，这正是孩子在第二叛逆期的典型表现——父母建议他往左走，他就偏要往右走，而且还喜欢跟父母争辩个没完没了。这时候，父母千万不要被孩子牵着鼻子走，跟他争辩个没完，这种做法只会让孩子的逆反心理更加严重。

正确的做法应该是坐在旁边冷静地看着他，用目光提醒孩子"现在该学习了"。有时候，眼神反而比语言更有威慑力，这个时候越冷静，反而越能达到教育的效果。等孩子做完作业之后，父母可以搬个凳子坐在孩子身边，以平等的姿态和孩子聊聊天，听听孩子对于玩手机这件事情的看法。这时候，父母千万不要急着打断孩子的话，等孩子说完他的观点，如果有不同意见，可以用"我觉得……是不是更好"这种建议的方式和语气来表达自己的观点，这么做，更容易让孩子接受你的建议。其实对一个四年级的孩子而言，他自己也明白做作业时玩手机是不好的习惯，只是不愿意接受父母的批评罢了。当父母用平等的姿态跟他交流时，他感受到了父母对他的理解和尊重，反而愿意低下头来接受父母的意见。

当父母掌握了正确的沟通方式之后，应该循序渐进地引导孩子养成良好的行为习惯。以下几点是四年级孩子应该具备的良好习惯，我们一起来看看吧。

01 鼓励孩子养成积极思考的好习惯

四年级是孩子记忆能力、理解能力、思维能力和表达能力快速发展的阶段。这个阶段的孩子开始从被动学习向主动学习转变，他们对事情已经有了自己的看法，不再只是被动接受外界的知识和信息。这个时候，父母应该鼓励孩子养成积极思考的好习惯，鼓励他打破陈规，勇敢地表达自己的见解，只有这样，他才能在学习方面有新的突破。

02 引导孩子正确发泄负面情绪

四年级的孩子认为自己已经"长大"，能够自主做一些事情，但碍于能力有限，他们在遇到困难时，往往会显得力不从心，因此会产生许多负面情绪，比如消极、无奈、挫败等。如果父母留意一下，就会发现这个年龄阶段的孩子最常说的话语就是"烦死了""真讨厌"等等。在这种情况下，父母应该引导孩子正确发泄自己的负面情绪，不要让孩子被这些消极情绪所困扰，从而影响了他的正常的学习和生活。当孩子出现负面情绪时，父母可以带着孩子做一些放松的活动来转移他的注意力，比如跑步、画画、唱歌等，这些活动都可以成为孩子发泄负面情绪的好途径。

03 引导孩子加强体育锻炼

四年级的孩子应该养成良好的运动习惯，至少培养一两项体育爱好，并且能够长期坚持锻炼。这样做，一方面可以帮助孩子强身健体，提高免疫力；另一方面也可以磨炼孩子的坚韧性格，培养孩子吃苦耐劳的精神。现在国家越来越重视对学生体育素质的培养，学校也更加注重对学生体育素质的考核，所以父母一定要督促孩子加强体育锻炼。当然，在选择体育项目时，父母应该充分尊重孩子的意愿，给予孩子充分的选择权，允许他们选择自己喜欢的体育项目，只有这样，孩子才有可能长期坚持体育锻炼。

04 引导孩子养成自觉遵守公共秩序的习惯

四年级的孩子除了应该遵守课堂纪律及校内秩序之外，还应该养成自觉遵守公共秩序的良好习惯。比如，进入图书馆时，应该遵守图书馆的相关规定，不大声喧哗，不胡乱走动；乘坐公共交通工具时，应该遵守乘车秩序，不争先恐后、胡乱打闹；过马路时，应该按照红绿灯的指示行走，不闯红灯、不斜穿猛跑。当孩子明白公共场所的秩序要求后，进入公共场所时不用大人提醒，就能自觉地遵守这些公共秩序。

总之，四年级是一个非常重要的过渡阶段，孩子的大脑功能逐步发育完善，这让他在学习上拥有了无限的潜能。父母应当抓住这一重要时机，挖掘孩子的潜能。当然，父母在挖掘孩子潜能的时候，也要遵循他的身心发展规律，尽量以平等的姿态和孩子沟通，从而帮助孩子顺利度过人生中的第二个叛逆期。

五年级应当养成哪些习惯

孩子进入五年级之后，基本上都具备了一定的自主学习能力，能在回家之后高效地完成家庭作业。如果这时候你的孩子还需要父母陪在身边督促他完成每一科作业，那么应该反思一下自己的教育方式是否出了问题。

经过了三、四年级的分水岭之后，那些养成了良好学习习惯和生活习惯的孩子，在五年级的学习和生活将会很快步入正轨。而那些没能坚持养成良好学习习惯和生活习惯的孩子，可能在面对更为复杂的学习任务时，会表现得更加吃力。但是，无论在哪个学习阶段，父母都应该对孩子的成长抱有充足的信心，努力纠正孩子身上出现的问题，帮助孩子进入正常的学习生活轨道。

对五年级的孩子而言，父母仅仅关注他们的成绩是远远不够的，还应该关注孩子的情感问题。因为对于一个10~11岁的孩子而言，这正是两性意识萌发的时期，许多早熟的孩子已经对爱情有了朦朦胧胧的意识，当孩子无法正确地处理与异性同学的关系时，很可能会给孩子的身心健康造成很大的伤害，父母一定要重视。

11岁的婷婷突然发现自己对同班男同学亮亮有了不一样的感觉。每当亮亮走过来跟她说话时，她都心跳得像小鹿乱撞，说起话来也结结巴巴，语无伦次。他们原本可以在一起打打闹闹，现在的关系却突然变得有些尴尬了。这样的情形被其他同学看在眼里，都在背后笑着说"婷婷喜欢亮亮了"。面对这样的流言蜚语，婷婷觉得非常难过，她想跟同学们好好解释一下，但是却不知道如何开口。最终，在这种压抑的情绪状态下，婷婷选择不再跟亮亮说话了。

婷婷的这种状况是非常正常的现象，父母一定要理解、关心孩子，千万不能因为孩子的异常状况就嘲笑、讽刺她，这会对孩子的身心健康造成严重的伤害。五年级的孩子已经有了青春期的萌芽，在面对异性同学的时候，再也不像从前那样没心没肺地打打闹闹了。这时候，父母应该引导孩子学会正确处理异性同学之间的交往问题，千万别把同学之间的正常交往错当成了的爱情。我们应该告诉孩子，面对异性同学时既要大方热情，又要保持适度的距离，不要让自己的行为越过界限，以免引起其他同学误会。这个年龄阶段的孩子开始对爱情有了朦朦胧胧的意识，喜欢制造一些关于男女同学之间的传闻，与异性同学稍加走近，就有可能成为这些传闻的受害者。对于这个问题，父母一定要足够重视。我们可以告诉孩子跟异性同学说话或交往时，眼神不要遮遮掩掩、躲躲藏藏，而应该注视着对方的眼睛，用正常的语速和腔调说话，既不扭扭捏捏，也不矫揉造作。当对方感受到你的热情大方时，那么他也会用同样热情大方的态度来对待你，这样的友谊才是最简单、最纯洁的。

除了孩子的情感发展，孩子的生活、学习也进入了一个新的阶段。我们来看看五年级孩子应该养成哪些良好的习惯。

01 要敢于质疑别人的观点

孩子进入五年级之后，父母不仅要嘱咐孩子认真听讲，按时完成作业，还应该鼓励孩子敢学敢问，敢于质疑别人的观点。如果孩子能够提出质疑，说明他对知识已经进行了充分的消化，进入了更高级别的学习状态。当语文老师讲完了一篇课文，并讲出了自己的理解和感悟时，可以让孩子们再讲讲自己的理解和感悟，看有没有什么新的见解；当数学老师解答完一道题目后，可以让孩子们再想想有没有其他的解题方法；当英语老师翻译了一篇文章之后，可以问问孩子们有没有更好的翻译方式。总之，要让孩子明白，没有绝对的真理，要敢于质疑和创新。在学习知识的道路上，只有敢于提出问题，敢于打破常规，才有可能获得新的突破和提升。当然，即便孩子提出的想法非常幼稚，老师和父母也不要当面嘲笑孩子，而应该对孩子这种勇于质疑的做法表示赞赏，鼓励他坚持下去。

02 要养成勤于做笔记的习惯

五年级的孩子应该养成做笔记的习惯，自己在预习过程中发现的疑难点，老师讲课过程中的重要知识点等，都可以用笔记录下来，方便课堂上重点听讲和课后复习、消化。在课外阅读的过程中，孩子如果碰到一些优美的语句或者富有哲理的话语，都可以记在本子上，今后写作文时也可以引用。此外，父母应该鼓励孩子养成写日记的习惯。比如，周末父母带孩子出去游玩，晚上回家之后，可以鼓励孩子把当天的所见所闻用文字记录下来，日积月累，孩子的写作水平就能得到很大的提高。孩子一旦养成了勤于记录的习惯，等他未来进入初中、高中，甚至是大学之后，都能受益匪浅。

03 学会制订学习计划

五年级的孩子应该学着自己制定学习计划了，这个学习计划可以包括多方面的内容。首先，应该包含当天需要背诵的内容，比如老师布置的古诗词背诵、经典段落背诵、数学公式的记忆，等等，这些内容应该放在学习计划的首位。其次，完成老师布置的课后作业，各科作业的完成顺序可以根据自己白天的学习情况来安排。在写完作业之后，应该把白天所有的教学内容在脑海里复习一遍，确保所有的知识点都掌握之后，再进入下一个学习计划。最后，给孩子预留一些课外阅读和课外拓展的时间。孩子在复习完当天的学习内容，并且完成老师布置的作业之后，可以自己选择做一些课外的练习题，也可以阅读一些自己感兴趣的课外书。切记，这个时候父母不要过多地干涉孩子，应该让孩子自主安排自己的学习时间。如果孩子每天都能按照这个学习计划学习，那么坚持一段时间之后，孩子的学习能力和学习水平就能得到明显的提升。

04 要讲究劳逸结合

五年级的学生应该能够合理安排自己的作息时间，养成劳逸结合的良好习惯。这个阶段的孩子应该能够把学习和休息时间分隔开来，在学习的时候好好学，在休息的时候好好玩，劳逸结合才能使学习效率达到最佳状态。进入五年级之后，随着学习任务的加重，眼睛在学习过程中很容易疲劳，加上很多孩子不注意用眼卫生，很容易得近视。所以，父母要督促孩子合理安排学习时间，当孩子学习感到疲劳的时候，一定要让他放下课本，双眼凝视窗外，使眼睛休息一段时间。平时在阅读时，父母要提醒孩子保持正确的坐姿，不要让他为了贪图方便躺着或侧卧着看书，这样对视力有影响。总而言之，好的身体是学习的本钱，如果身体出现了问题，也会极大地影响学习效果。与学习相比，身体永远要放在第一位，千万不能本末倒置。

05　学会用积极健康的心态对待学习和生活

五年级的孩子已经跨过了人生第二个叛逆期，能够相对合理地调节自己的情绪，面对困难和问题时不再轻易彷徨失措。这个阶段，父母应引导孩子用积极健康的心态对待学习和生活，不要让孩子被负面情绪所左右。随着孩子逐渐成长，父母应该成为孩子的知心朋友。当孩子遇到情感上的困扰或者学习上的烦恼时，父母应该采用合适的方法与孩子谈心交流，打开孩子的心扉，引导孩子以积极健康的心态对待学习和生活。如果孩子有烦心事想要倾诉时，父母一定要有足够的耐心和诚意，千万不要敷衍了事，那样会让孩子觉得自己没有得到父母的重视，下次他们如果再有问题，可能就会将烦恼埋在心里，不再找人倾诉，这对孩子的性格培养非常不利。

总而言之，五年级的孩子已经具备自我学习的能力了。这个阶段，父母应该将教育重点放在孩子的知识拓展方面，引导孩子将学习向深层次推进，这样他才能更好地适应即将到来的六年级生活。

六年级应当养成哪些习惯

六年级是"小升初"最关键的一年。按照我国现行教育政策，小学升入初中就读是不需要升学考试的，在这种制度下，孩子的压力减小了许多，基本上都可以免试就近入学。在这种教育政策下，很多孩子都在无形中放松了自己的学习状态，认为考得好与不好都无所谓，反正大家最后都能顺利升入初中，自己又何必吃苦受累呢？下面案例中的孩子就抱有这种想法。

12岁的可可今年要升入六年级了，她从爸爸妈妈的口中得知以后"小升初"不再需要考试了，每个孩子都能顺利地进入初中就读。早在五年级时，爸爸妈妈就担心可可的自学能力差，学习习惯也非常不好，于是总是用"小升初"来吓唬可可，希望借此督促可可改掉自己的坏习惯，争取在小学最后一年奋发图强，考个好的初中。而如今随着"小升初"考试的取消，可可顿时觉得自己的压力减轻了不少，没有压力就没有动力，于是可可在无形中就对自己的要求放松了不少。

考得好与不好，孩子都能顺利升入初中就读，这对平时学习成绩和学习习惯不好的孩子而言，无疑是一种"大锅饭"式的保障。然而，父母在庆幸之余，也不能放松心态，任由孩子轻视学习。孩子轻视学习，学习成绩变差，老师就会批评教育，孩子就会产生厌学情绪，成绩就会更加不好，使孩子陷入一种难以摆脱的恶性循环之中。如果孩子在达不到培养目标的情况下，都能无压力地升入初中，这对孩子而言反而不是一件好事。初中和小学的学习难度变化不是斜坡式的，而是陡坡式的，这种陡坡式的巨变对学习能力差的孩子而言，压力会非常大。

下面我们先来看看小学和初中的学习究竟有哪些变化。

01 初中的整个知识体系更为系统、复杂

小学期间，学科相对较少，主要学习语文、数学、英语等最基础的课程，对知识掌握方面的要求也比较低。而进入初中以后，学习的课程门类逐渐增加，除了语数外，还有历史、地理、生物、物理、化学等学科；学习内容也逐步加深，除要求学生识记大量的定义、原理等知识点外，还要求学生掌握运用知识的能力。

02 对学习能力的要求不一样

小学阶段，如果孩子的拼音、识字，或者数学题掌握得不够好，那么老师会在第二天带领孩子继续复习，直到孩子将这些知识点彻底掌握为止。进入初中之后，一般情况下老师不会再带领孩子们去重复学习某个知识点，教师会要求学生自己去研究、琢磨学习的方法，培养自主学习的能力。比如，老师讲完某个知识点后会提醒孩子回家复习巩固，第二天上课时老师就不再引导孩子去复习了，而是直接进行考试测验。

如果孩子没能在六年级时就适应这种学习上的转变，这时就会产生严重的挫败心理，有些孩子甚至会出现厌学情绪。因此，为了避免出现这种情况，父母有必要在孩子六年级时继续引导孩子养成自主学习的良好习惯，以免被初中的压力击垮。我们来了解一下孩子在六年

级时应该养成哪些好习惯。

01 理解记忆应占主导地位

小学六年级之前，孩子的记忆方式基本上采用的是机械式记忆方式。在这种情况下，孩子只要上课认真听讲，课后多复习、巩固，就能轻易地记住这些知识点。但是到初中之后，随着知识体系更加复杂，机械式记忆的方式将不再适应今后的学习。因此，从六年级开始，我们要逐步引导孩子养成理解记忆的良好习惯，要求孩子在记忆知识点时，积极调动思维去充分理解它们，不仅要知其然，还要知其所以然。在充分理解知识点的基础上，孩子应该做到举一反三，无论题型如何变化，都应该通过自己的理解得到答案。如果孩子在六年级时依然依靠机械式记忆的方式去学习知识，你会发现，有时候题型稍微变动一下，他就陷在"迷宫"里面出不来了，这就是机械式记忆方式所带来的不良后果。所以，父母一定要引导孩子改变这种机械式的记忆习惯。

02 要学会主动搜集资料

六年级的孩子应该养成主动搜集资料的良好习惯。当老师布置完作业之后，孩子应该尝试通过去图书馆查阅资料或上网浏览资料的方式来扩充自己的知识面，这样知识体系才能更加系统和全面。对于六年级的孩子来说，仅仅依靠课堂听讲或课后复习的方式来进行学习是远远不够的。举个简单的例子，6个月的婴儿仅靠母乳喂养是无法满足身体的营养需求的，这时候，父母就要给孩子添加辅食。同样的道理，随着学习能力的提升，六年级的孩子单靠老师传授的知识点已经不能满足自身的学习需求了，这时候他就需要积极调动自主学习的能力，通过搜集资料来进一步推进自己的学习。

03 独立能力应该进一步增强

六年级的孩子不仅要掌握基本的生活技巧，还应该有解决生活难题的能力。比如，父母在临时有事不能按时送孩子上学的情况下，孩子应该尝试自己乘坐公交车或者走路去学校，而且路上要注意交通安全；老师要求带跳绳，可是家里的跳绳坏了，爸爸妈妈又不在家，孩子应该能够自己去商店选购第二天所需的学习及生活用品。

总之，在取消了"小升初"考试之后，父母对孩子的要求不应该有丝毫的降低，而应该一如既往地引导孩子应对更难的学习、生活挑战，这样孩子才能在升入初中之后不至于太被动。

第7章

小学阶段
其他重要习惯培养

//

　　小学各年级，孩子除了应当养成一些具体的学习习惯之外，还应当养成阅读、做家务、理财、合作、人际交往等方面的习惯。这些习惯与学习习惯相辅相成，让孩子的人生变得更加充实和丰富。

阅读习惯——用书"喂"大的孩子会思考、有气质

书籍是人类进步的阶梯，阅读是一个人丰富灵魂的最佳路径。腹有诗书气自华，一个饱读诗书的人，即便坐在那里不开口说话，你也能从他身上感受到独特的人格魅力，这就是阅读的力量。

古今中外，凡是在文化领域取得了巨大成就的人，无一不是用书"喂"大的。

央视主持人董卿每天工作很繁忙，但是有一样习惯她坚持了数十年，那就是每天睡前阅读一小时，这已经成为她一种固定的生活方式。每读一本书，董卿从不给自己设定具体的目的，只是用心去感悟里面的文字，遇到好的诗句，她还会很认真地写下来。谈到阅读，董卿说了这样一句话——我始终相信读过的书都不会白读，它总会在未来的日子帮助我表现得更出色，读书是可以给人以力量，带给人快乐的。数十年如一日的阅读习惯，让董卿在主持节目时始终能够从容淡

定，处变不惊。

《杨澜访谈录》是一档非常有名的访谈节目，来访的嘉宾都是在各个行业取得了卓越成就的精英人物。面对这样的嘉宾，杨澜如果没有丰富的知识储备，是无法从容淡定地与受访嘉宾进行对话的。据杨澜自己说，为了使访谈更有深度，每次访谈前，她都会花大量的时间把受访对象所在领域的专业书籍和学术著作了解一遍。采访基辛格博士之前，杨澜把他的著作、博士论文全部搜集起来阅读。她说，读这么多东西，访谈时未必用得上，但这至少不会让自己问一些愚蠢的问题。20多年来，为了做好访谈节目，她阅读了大概8000万字的资料。

优秀的人尚且如此努力，我们更该如此！

女儿程程在刚开始认字的时候，我和先生就为她购置了大量的图书，从中国经典的神话故事到现代的童话故事，我们都悉数买来陪伴女儿一起阅读。当时我们约定，每天晚上睡觉前，都要预留出半小时讲故事给女儿听。我和先生讲完之后会把书拿给女儿让她随意翻看，然后根据书中的图画，让她再把故事复述一遍。

正如董卿所言，书不会白读。我相信女儿读进脑海里的每一本书，都会成为她人生中的宝贵财富。在这样的日积月累下，我发现女儿有一天竟然会自己讲故事了。她看到喜鹊捉虫子的时候，会想象成喜鹊在组织生日宴会；看到小鱼在游来游去的时候，她会想象成小鱼急着回家找妈妈。她小小的脑袋里似乎总有讲不完的美妙故事，俨然开启了一个梦幻般的世界。我想，这便是阅读的魔力吧，一个被书"喂"大的孩子，思想总是天马行空的。

阅读带来的惊喜远不止这些，让我们再来看一个例子。

我有个朋友，她从儿子刚上幼儿园小班时就天天给他讲绘本，后来她的儿子升入了小学，越发爱上了阅读。有一次，她听说儿子的学校将要组织诗词背诵比赛，就在每天晚上儿子做完作业之后，带着儿子背诵诗词，顺便给他讲解诗词的意思。在接下来的两周时间里，她惊讶地发现，儿子竟然能轻轻松松地把一、二年级需要背诵的古诗词全部熟练地背完了。更让人惊喜的是，儿子在学校组织的诗词背诵大赛上夺得了一等奖。

至此，我开始相信阅读的神奇力量了。在阅读的过程中，你会不知不觉地发现孩子的语言能力、思维能力、表达能力，甚至记忆能力都得到了全方位的提升。正如教育家苏霍姆林斯基所说，学生的智力发展取决于良好的阅读能力，大量的阅读会刺激孩子的大脑，强化他们的逻辑思维能力、语言表达能力、写作能力以及注意力，让他们的智力系统发育得更好。

阅读的重要性不言而喻，接下来我们父母要做的事情就是如何让自己的孩子爱上阅读。对此，我有以下几点建议：

01 兴趣是阅读最好的老师

想让孩子养成阅读的良好习惯，父母千万不能强迫孩子去阅读，这只会让孩子对阅读产生强烈的排斥情绪。切记，兴趣才是阅读最好的老师。因此，父母要引导孩子喜爱阅读、主动阅读，让孩子自己通过阅读发现文字的美妙之处。在阅读的初始阶段，父母不妨给孩子挑选一些带有插图的故事书，这些有趣的插图也许可以激发孩子主动阅读的兴趣。等孩子对阅读产生了浓烈的兴趣之后，父母再根据孩子的成长需要选择一些经典书籍，引导孩子去阅读。

02 和孩子享受亲子阅读的时光

亲子阅读不仅是一段温馨快乐的时光，还是一场有意义、有价值的思想碰撞。在亲子阅读的过程中，父母可以通过绘声绘色的语言描述以及形象生动的肢体语言，将书中美妙的故事情节传递给孩子，让孩子爱上阅读。孩子在聆听故事的过程中，也可以随时将自己的想象、见解反馈给父母，父母可以借此了解孩子的思维方式和心灵世界。可以说，亲子阅读构建起了父母和孩子思想沟通的桥梁，父母也可以借机将一些良好的教育观念传递给孩子。

03 允许孩子选择自己喜欢的书籍

在选择阅读书目时，父母应该给予孩子一定的自主权，允许孩子选择自己喜欢的书籍，只要这些书籍的内容是积极健康的即可。父母要明白，只有让孩子亲自选择他所喜欢的书籍，他才有可能沉浸其中，并且将阅读的好习惯坚持下去。

有时候，父母和老师会给孩子列一个长长的书单，建议孩子根据这些书单来阅读，可有的孩子偏偏不听老师和父母的意见，只想读自己感兴趣的书籍。这时，父母就会认为孩子所读的书是与学习无关的"闲书"，勒令孩子换书。其实，只要不妨碍学习，偶尔让孩子读读"闲书"也无妨。有时候，反而是这些"闲书"激发出了孩子浓厚的阅读兴趣。作为父母，我们要尊重孩子的兴趣爱好，也要相信孩子挑选书籍的眼光，孩子读的书越多，他就越明白自己想看的书是什么。

04 引导孩子多写读后感

孩子在阅读完一本书之后，父母可以引导孩子尝试写一篇读后感。孩子在写读后感的过程中，一方面可以帮助他回忆一下书本的重要内容，另一方面还可以训练他的语言表达能力及逻辑思维能力。读后感是建立在"读"的基础上的，读得越认真，读后感的体会也就越深刻。同样，父母也可以通过阅读孩子所写的读后感，了解孩子对这本书的理解程度。

一本好书值得孩子反复阅读。随着孩子生活阅历的增长，对同一本书的感悟会越来越有深度，而这种潜移默化的变化，都可以通过不同时段的读后感反映出来。

阅读是照亮孩子人生的灯塔，孩子越早爱上阅读，就能越早地享受生命的精彩。古人云：书中自有黄金屋，书中自有颜如玉。一个用书"喂"大的孩子，一定会有一个不一样的人生。

做家务的习惯——会做家务的孩子长大后更独立

现在的父母总是希望孩子把所有的时间都用在学习方面，家里的大小事务全部自己包揽，以为这样就可以让孩子心无旁骛地学习。其实，这种做法反而让父母失去了一个培养孩子独立的大好机会。家庭就像一个小社会，孩子在家庭中的行为表现，将会直接影响他进入社会后的行为表现。如果孩子在家庭中能够主动做一些简单的家务，那么他将会在无形中变得独立、坚强，更有责任心，等他进入社会之后，他在家庭中养成的这些好习惯也会带入未来的生活中。

媒体曾经报道过一个17岁就进入了中科院高能物理所的"神童"魏某。他出生于一个贫寒的家庭，父亲长年卧病在床，母亲只是个普通的工人。平时母亲在家教导魏某学习，魏某2岁时就已经掌握了上千个汉字，4岁学完了初中的所有课程，8岁时就考上了当地重点高中，年仅13岁又考上了湘潭大学，17岁时就进入了中科院高能物理所。可以说，魏某的学习生涯一帆风顺。

从小，母亲为了让魏某好好学习，从来不让他做任何家务，不仅帮他洗衣做饭，还帮他端饭、洗澡、挤牙膏等。魏某考上大学之后，他的母亲依然陪伴在儿子身边，负责照顾他的饮食起居。后来魏某进入中科院，离开母亲的照顾已经完全无法正常生活，最后因生活自理能力太差，知识结构不适应中科院的研究模式而被劝退。

魏某的例子告诉我们：一个孩子，无论他学习成绩多么优秀，如果缺乏独立生活能力，那他未来的一切都可能会归零！

中科院曾经对全国2万多名家长和2万多名小学生进行家庭教育状态调查，结果显示：让孩子做家务的家庭中，子女成绩优异的比例为86.92%；而不重视孩子做家务的家庭中，子女成绩优异的比例仅为3.17%。哈佛大学学者也做过一项长达20多年的跟踪研究，结果显示：爱干家务的孩子与不爱干家务的孩子，成年之后的就业率为15∶1。因此，那些把孩子紧紧地庇护在身后，不让孩子干一点儿家务的父母应该好好反思一下了，这种做法不但不利于孩子的学习，反而会成为孩子健康成长的阻碍。我们要相信，在做家务的过程中，孩子各方面的能力都能得到很好的锻炼和提高。

首先，做家务可以锻炼孩子的动手能力。做家务时需要孩子手脚并用、手脑并用才能把家务活做好，这无形中会让孩子的肢体变得更加灵活、敏捷，孩子的动手能力也会得到很好的锻炼。

其次，做家务可以培养孩子的责任意识。当家长把家务活分派给孩子之后，就意味着孩子从父母手里接过了一部分责任，为了达到父母的要求，孩子会尽力帮好家务。在这个过程中，孩子的责任意识得到了很好的培养。如果孩子在做家务时能够具有强烈的责任感，以后他走向社会也会养成负责任的好习惯。

最后，做家务可以提升孩子的情商。在做家务的过程中，父母和孩子可以随时进行交流沟通，比如孩子遇到困难了，可以随时找父母帮忙。双方在共同解决问题的过程中，彼此之间的情感会变得更加融洽，这种互动可以很好地提升孩子的情商。

当然，孩子所处的年龄段不同，所做的家务内容也应该有所不同。因此，父母要根据孩子的具体情况分配一些符合他身心发展特点的家务活，以免让家务活变成孩子的负担。此外，父母在引导孩子做家务的过程中，应该注意以下几方面的问题。

01 家务内容可以让孩子自由选择

幼儿园的孩子可以从事一些简单的家务活动，比如洗菜、擦桌子、摆碗筷、把脏衣服分类；小学时孩子所做的家务活相比幼儿园时要复杂一些，比如可以帮助妈妈大扫除、把用完的碗筷放进洗碗池、会淘米煮饭、能采购生活用品等。家务活的内容有很多项，父母可以让孩子自由选择2~3项家务来做，否则任务太多，会让孩子对做家务产生厌烦情绪，这就失去了做家务的本来意义。孩子在选择家务内容时，父母应该给孩子提供合理的意见，建议孩子按照先易后难、先少后多的顺序来进行。

02 做家务也可以变成一件很有趣的事情

我们应该让孩子爱上做家务，而不是迫于父母的压力去做家务。让孩子爱上做家务的办法有很多，前提是让孩子觉得那是一件有趣的事情。在平时的生活中，我们可以给孩子挑选一些好玩的工具，这样会提升孩子做家务的兴趣。比如，孩子选的家务活是擦玻璃，那父母就可以给孩子买一个自动擦窗器让孩子自己去研究、使用；如果孩子选的家务活是洗衣服，那父母不妨送给孩子一块造型可爱的肥皂，这样让孩子每次洗衣服的时候，看见肥皂就会变得开心起来；如果孩子有意愿给父母做一顿简单的早餐，那我们也可以送给孩子一件漂亮的小围裙，孩子为了戴上漂亮的围裙，说不定能多做几次早餐呢。想让孩子把做家务的事情长期坚持下去，父母一定要在这方面多花点儿心思，尽量让孩子带着愉快的心情做家务。

03 做家务的时间和次数应该相对固定

为了培养孩子独立、负责的优良品性，我们一定不要让孩子随心所欲地做家务。既然是一项家庭任务，那么孩子就应该尽心尽责地完成，否则不仅无法培养孩子的独立性和责任感，还会让孩子养成"三天打鱼两天晒网"的习惯。所以，当孩子选定了家务内容之后，父母应该和孩子认真协商，尽量将孩子做家务的时间和次数固定下来，这样才能督促孩子将这一任务坚持下去。在商量做家务的时间和次数时，父母应该虚心听取孩子的意见，尽量以孩子的意见为主，让孩子感觉到自己是被尊重的，而这种被尊重感会让孩子对做家务的事情产生强烈的责任感。如此，不用父母提醒和督促，孩子也会主动地完成家务任务。

最终，我们还要让孩子明白一个道理自己既然是这个家庭的一员，就应该为这个家庭的干净、整洁付出自己的劳动。如果孩子能明白这个道理，他会把这种责任意识逐渐渗透到学习、生活、工作、婚姻等其他方面，从而成为一个有责任、有担当的独立个体。

理财习惯——帮助孩子提高财商的法宝

随着生活水平的逐渐提高，现在的孩子对金钱的概念非常淡薄，自然也不知道赚钱有多么辛苦，再加上现在的现金交易方式越来越少见，孩子可能一年到头都接触不到纸币。其实这并不利于培养孩子的金钱观念，如果孩子从小到大都对金钱没有明确概念的话，可能会对他产生一些负面影响。

首先，孩子可能不知道工作的价值是什么。我们从事工作的目的，一部分是为了理想和追求，另外一部分是为了获得更好的物质条件。一个家庭宽裕的孩子，他不能深刻地理解工作的价值和意义是什么，所以等他长大后只要工作不顺心，可能就会立马辞职再寻找另外一份工作，而频繁的变动工作会让他陷入恶性循环。

其次，孩子可能看不到父母的辛苦付出。如果一个孩子对金钱没有任何概念，那么他就无法理解父母为了家庭生活所付出的努力与辛苦。在他的眼里，爸爸妈妈仿佛是超人，家里的钱好像是变戏法变出来的，他不会对父母的付出表示感恩，因为他觉得赚钱是一件很容易的事情，父母又有什么可辛苦的呢？

再者，孩子长大后可能不会理财。举个例子，如果两个人挣的钱一样多，会理财的那个人等到年底可能会有一笔可观的积蓄，而不会理财的那个人，则有可能变成负债的"穷光蛋"。如果你追溯到后者小时候的生活，可能就会发现他小时候在花钱方面比较随性，父母在金钱方面对他没有过多的约束。现实生活中，我们也遇到过这样的情况：孩子想要什么，父母就买什么，孩子想花多少，父母就给多少钱，从来不知道节俭。这样的孩子你能指望他长大后有什么理财能力吗？"含着金钥匙出生"的孩子毕竟是少数，大多数孩子都出生在经济条件一般的家庭，他们长大之后都要独自走向社会养活自己和家庭，如果缺乏理财习惯，他们在经济上很有可能陷入窘境。下面我们来看看犹太人Matthew的故事吧。

Matthew出生在德国一个普通的犹太人家庭，他的父母非常重视对他财商的培养，平时会给他一些零花钱让他自主支配，以此培养他的理财能力。每个星期，10岁的Matthew都会去街角的商店里买冰镇的罐装饮料。一瓶罐装饮料需要1.2马克，他跑去附近问那些在打桥牌的老太太们，谁需要请他代买饮料，2马克就可以代买一瓶。结果那些老太太不但会买饮料，而且还会跟他预定下一周要代买的东西，然后Matthew再以两倍的价钱卖给她们。

Matthew12岁时，和其他同学一起去高尔夫球场做球童，具体工作就是负责捡球。其他同学做球童，5小时可以赚10马克，但是要背着个超重的球袋到处跑。Matthew发现这样赚钱太辛苦了，他想找一个更轻松的赚钱办法。有一次，他发现有一个球洞在又陡又高的山坡上，没有人能背着球袋过去。于是他就搬了把椅子坐在那个洞口附近，谁请他帮忙把球袋背到山顶，他就收取1马克的费用，这样他很轻松就赚到了他同学两倍的钱。

关于理财，国外有一个很有名的"三分法"，我认为值得大家借鉴。举个简单的例子，父母可以每周给孩子3块钱的零花钱，然后建议他把这3块钱分成三个等份来理财。孩子可以用1块钱买自己想买的东西，用另外1块钱来做慈善，最后留1块钱来做储蓄。这样三份钱都得到了最优化的使用——孩子既买到了自己想买的东西，也感受到了做慈善的快乐，最后还能存下一笔钱。今后我们在引导孩子学习理财观念时，不妨借鉴一下。

引导孩子学习理财，并不是把钱塞给孩子就可以，这里面还涉及许多具体问题。比如，用多少钱来让孩子做理财，这些钱从哪里来，孩子又如何使用这些钱，等等。这些问题都应该引起父母的关注，下面我们具体来讨论一下。

01　可以根据孩子的年龄来决定金额

究竟给孩子多少钱来理财，这个没有确定的数额，可以根据不同的年龄段来决定。但是我建议不要给孩子太多的零花钱，因为万一孩子用这笔钱买了价值较大的东西，事后他也会有心理负担。当然，给钱不是目的，引导孩子学会理财才是最重要的。父母不妨根据孩子的年龄段来给钱，比如一到三年级每周可以给20元左右的零花钱，四到六年级可以给30元左右的零花钱。孩子可以用一部分零花钱买他想要的东西，也可以拿出另一部分捐助给有需要的人。这样既能让孩子意识到金钱的价值所在，也能培养孩子的爱心。

02　慎用通过干家务活的方式让孩子赚钱

很多人都提出可以让孩子通过干家务的方式来赚钱，比如帮妈妈扫一次地给10块钱，洗一次衣服给15块钱等。我不太赞同这种方式，因为孩子身为家庭的一员，帮父母干家务是他的分内之事。如果父母把孩子的付出跟金钱挂钩，就会让孩子觉得家务活不是分内之事，而是父母花钱请自己来做的。如果父母想让孩子通过自己的劳动来赚钱，可以带着孩子一起把家里不用的纸箱、空瓶子攒起来，定期送到废品收购站来换钱。这种方式远比让孩子干家务挣钱更有意义。

03　学理财还要"会花钱"

引导孩子学会理财并不意味着只让孩子存钱而不花钱，其实花钱也是理财的一个重要内容。如果孩子把所有的钱都攒起来，一分钱都舍不得花，很容易让孩子变得吝啬，这对他今后的生活和交际同样不利。在引导孩子花钱时，我们应该告诉孩子：钱是来之不易的，一定要花在有意义的地方。比如同学过生日的时候，可以让孩子精心挑选一个小礼物送给对方；在特殊的节日里，可以让孩子用攒下的钱给自己买一件期待已久的小礼物。类似这样的事情都是不错的花钱方式。

当然，我们教孩子学习理财，并不是想把孩子培养成亿万富翁，而是希望孩子通过理财的方式树立正确的金钱观，明白金钱来之不易，也知道如何发挥金钱的最大价值，同时能够通过理财学会对自己和家庭负责，让自己成为一个更成熟、更独立、更有担当的人。

合作习惯——善于合作的孩子事半功倍

有人说，现在的社会，不缺孤胆英雄式的人物，缺的是有灵魂的团队合作。合作是一种能力，决定了一个人能否与他人及团队顺畅地结合在一起，共同为一个目标努力奋斗。合作顺畅，成功的希望就大；而合作不畅只会让整个团队如同一盘散沙，最终分崩离析，无法达成目标。一个不具有合作精神和能力的人，即使个人再优秀，也不会得到团队的青睐，因为大家担心这个特立独行的人会降低团队的凝聚力。

既然合作如此重要，那么父母就应该重视孩子合作能力的培养，努力将孩子培养成一个能够快速融进团队的人。然而现实的情况是，父母在教育孩子的过程中总是不由自主地强调孩子的个性和个人成绩，希望孩子成为鹤立鸡群的那个人。但是，这样做却有可能导致孩子被集体孤立。

因此，父母在培养孩子个性的同时，一定要兼顾孩子的合作意识。否则，当孩子的个人意识凌驾于团队之上时，整个团队就可能会遭受重大损失。

下面，我们先来看一个寓言故事。

有一个猎人，在湖边张网捕鸟。不久，很多大鸟都飞入了网中，猎人非常高兴，赶快收网准备把鸟抓出来。但没想到鸟的力气很大，反而带着网一起飞走了，猎人只好跟在鸟后面拼命追。

一个农夫看到了，嘲笑猎人："算了吧，不管你跑得多快，也追不上会飞的大鸟呀。"但猎人却很坚定地说："不，你根本不知道，如果网里只有一只鸟，我就真追不上它，但现在有很多鸟在网里，我就一定能追到。"

果然，到了黄昏，所有的鸟儿都想飞回自己的窝，有的想回森林，有的想回湖边，有的想回草原。于是那一大群鸟就跟着一起落地，最后全部被猎人抓住了。

当所有的鸟儿都能团结一致，朝着一个共同的方向飞翔时，猎人根本无法抓住它们；可是当每只鸟儿都只想着回到自己的窝里，自顾自地飞翔时，整个团体顿时就成了一团乱麻，结果全部被猎人抓住了。这个故事告诉我们，大家团结合作，朝着一个共同目标去努力，成功的希望是最大的。这个团队就像一个环环相扣的链条，其中任何一环出了问题，整个系统都将无法运转。所以说，即便整个团队的成员都资质平平，大家也不愿意吸收进来一个喜欢单打独斗的个体，哪怕这个个体非常优秀。

女儿进入小学一个月后，我在跟女儿沟通时，问得最多的问题是"你喜欢这个学校吗？""你喜欢你的班集体吗？""你和你的同学相处得愉快吗？"我很在乎女儿能不能很好地融入班集体，能不能与全班同学友好地相处，因为走向社会后一个人的合作能力比他的成绩更重要。

合作能力一方面跟性格有关系，另一方面还跟家庭环境和父母的教育方式有关系。

首先，合作能力跟孩子的性格有关系。一般来讲，如果孩子的性格比较外向、活泼、开朗，那么他在学校与他人的合作也会顺利得多。相反，如果孩子内向、孤僻，那么他与别人合作的意愿就会小很多。

其次，合作能力跟家庭环境也有很大的关系。在一个家庭关系和谐的氛围中，孩子能通过父母的言传身教了解到合作的重要性。比如在做家务活的时候，妈妈在厨房做饭，爸爸帮助妈妈打扫卫生，孩子看在眼里，就会明白一个家庭的正常运转是需要夫妻双方共同努力才能实现的。如果在一个家庭中，所有的家务活都由妈妈来承担，而爸爸下班回家后只做"甩手掌柜"，这无形中就会给孩子一种心理暗示：一件事情你不做，总会有其他人来做。如此，孩子就容易养成自私自利的性格，自然也不会主动与人合作。

最后，合作能力还与后天的教育引导有很大的关系。如果父母向孩子讲明白合作的重要性并加强引导，那么孩子在平时的生活、学习、娱乐中就会寻求与同伴、同学的合作，并能从中体验到合作的好处。将来他走向社会进入团队后，在团队合作中也会与其他人密切合作，为了共同目标而奋斗。

与改变孩子的性格相比，培养孩子的合作能力相对容易得多，父母只需在日常的生活和学习中多引导、多提醒孩子，就可以达到事半功倍的效果。在培养孩子合作能力的时候，父母不妨从以下几点着手。

01 带领孩子一起参与家庭事务

父母是孩子最好的老师，当然也是培养孩子合作能力的最佳人选。父母可以以身作则，让孩子看到合作的好处。在平时的生活中，父母应该时常让孩子感受一家人协作处理家庭事务的氛围，小到为家人选购新衣服，大到为家里添置新家具，都可以共同协商来购买。等孩子稍微大一些，父母也可以带着孩子一起参与家庭事务的处理。这可以让孩子意识到家庭是一个需要团结合作的团体，家庭中的每一个成员都可以通过自己的努力让这个家庭团队变得更加美好。

02 鼓励孩子多参与团队合作的游戏

游戏是一种培养孩子合作能力很好的方式，父母在平时可以多带孩子玩一些需要团队合作的游戏，比如"过家家"。在扮演角色的过程中，孩子能够知道自己在团队中的角色和任务是什么，也知道如何与其他小朋友分工协作，从而将游戏进行到底。"两人三足"也是一个可以很好地锻炼孩子合作能力的小游戏。这个游戏需要两个小朋友并肩站在一起，其中一个人的右腿和另外一个人的左腿绑在一起，两个人必须有很好的协作能力，才能顺利地往前走。

03 在培养合作能力的同时，不能抹杀孩子的个性

我们要培养孩子的合作能力，但这不意味着必须抹杀孩子的个性，这两者是不冲突的。这好比两个人在一起划船，如果划桨方向不一致，小船肯定无法往前走；但是在方向一致的前提下，两个人的动作越敏捷，船前进的速度肯定也会越快。在培养孩子合作能力的同时，我们也应该关注孩子的独特个性。如果孩子在某一方面有特殊才能，将来在团队合作中也可以帮助团队发挥更大的作用。从这个角度而言，孩子某方面的个性对团队达成最终目标也是有促进作用的。

积极主动的习惯——机会青睐有准备的人

我们常说，机会是留给有准备的人的，当机会来临时，那个积极主动的人总要比消极被动的人更容易抓住机会。积极主动是一种态度，当机会来临时，主动的态度会促使人在行动上更加积极，朝着目标不断努力；积极主动更是一种行为习惯，养成这种行为习惯的人，不等机会来临，他就会主动出击去寻找机会，这样的人更容易成功。

如果孩子能够养成积极主动的习惯，那么他成功的概率将会比

消极被动的人大数倍。有的家长会说积极主动是一种天性，有的孩子性格好强，到手的机会一次也不放过，而有的孩子天生就优柔寡断，即便机会来了也不敢出面去争取，父母又有什么办法呢？其实，只要父母努力，完全有可能纠正孩子性格中的不良因素，让其变得更加完善。与纠正性格相比，培养孩子积极主动的良好习惯相对要容易得多。

如果孩子每天都能主动做一件小事，长此以往，他就会养成积极主动的习惯。这样的小事有很多，可以是主动举手发言，主动帮助他人，也可以是主动表达意见，等等。只要孩子在观念上有了主动努力的想法，这就是一个可喜的变化。

蜚声中外的钢琴演奏家郎朗有一位眼光独到的父亲，他辞职陪郎朗到北京学习钢琴，最终把郎朗送上了钢琴表演艺术的殿堂。如果没有父亲的主动努力，郎朗不会取得今天的成就。有一次，郎朗面临一次出国比赛的机会，这个机会对当时还名不见经传的他而言非常重要。1994年，中国首届国际钢琴邀请赛在北京举行，郎朗排在第五名，失去了公费到德国埃特林根参加第四届国际青少年钢琴比赛的机会。要参加此次比赛必须自费。当时郎朗家里根本拿不出5万元人民币，可是朗朗的父亲郎国任想都没想就表示要借钱让郎朗参加比赛。结果，12岁的郎朗在这一场国际比赛中初露锋芒，获得了西方的关注。在比赛中，郎朗获得了甲组第一名及杰出艺术成就奖。在郎朗之前，这个比赛的第一名已经空缺数年。经此一战，郎朗从此便蜚声世界乐坛。

如果没有父亲的主动争取，那么郎朗连去德国参赛的机会都没有，更不可能引起世界的广泛关注。所以说，主动把握机会有时甚至可以改变一个人的命运，要知道，天底下优秀的人那么多，机会是不会挨个"敲门"找你的。今后，随着竞争的日益激烈，机会更加弥足珍贵。如果父母不教育孩子养成积极主动的良好习惯，任由孩子消极被动地等着机会来找自己，那么孩子一生都有可能在碌碌无为中度过。

要想培养孩子积极主动的良好习惯，父母在平时的生活中就不要过多地限制孩子。有一个朋友说，他的孩子在国外的时候非常具有探险精神，经常一个人跑到家门前的公园里寻找各种各样的虫子玩。但是孩子回国后，胆子明显变小了不少，因为孩子的奶奶只要一看见孩子趴在地上玩耍，就会惊呼连连，生怕他的宝贝孙子被虫子咬了。有时候孩子拿起剪刀想做手工，奶奶看到后也会急急忙忙地跑过来一把把剪刀夺走，害怕剪刀戳到孩子眼睛。朋友无奈地摇摇头跟我说，照这样下去，孩子的性格也会变得小心翼翼，不敢再探索任何事情了。

在过于束缚的环境下长大的孩子，想要积极主动地去做一件事情是很困难的。因为他在做事情之前会把所有可能带来的危险都考虑一遍，哪怕这种危险发生的概率微乎其微，他都不敢轻易尝试一下。所以说，想要让孩子变得积极主动，父母就不能太束缚孩子。

父母除了要改变自己的教养方式之外，还应该注意以下几点。

01 应该适当允许孩子犯错

人非圣贤，孰能无过，孩子更是如此。作为父母，我们不可能要求孩子把每件事情都做得完美无缺，达到令我们十分满意的程度。太过完美的孩子，性格大多是敏感而脆弱，当事情超出了自己的预期和能力时，孩子就会受到挫败。从这一点看，我们不需要让孩子过于追求完美。只有适当地允许孩子犯错，他才会积极主动地尝试新事物，因为他知道，自己即使犯了一点儿小错误，父母也不会苛责自己。没了后顾之忧，他才可以放心大胆地去做自己想做的事情。爱迪生曾经因为沉迷做实验，把爸爸工厂的仓库烧毁了。爸爸一度非常生气，但支持他做实验的妈妈却说："腾出一间阁楼给儿子做实验，这样即使着火的话，也只是烧毁一间屋子而已。"在妈妈无条件的支持下，爱迪生终于成了举世闻名的发明家。

02 告诉孩子机会来了就要珍惜

我们要告诉孩子失败不可怕，可怕的是从此一蹶不振，再也不敢尝试任何事情。我女儿的学校有一次组织英语配音比赛，看着女儿跃跃欲试的样子，我和先生都鼓励她积极参加。报名之后，我们才发现配音内容远比我们想象得要难很多。前面的部分女儿都能顺利取得高分，可是越往后面越困难。就在女儿灰心丧气的时候，我告诉她，现在眼前只有两条路，要么放弃这个机会，要么咬牙坚持下去，就看你怎么选择了。女儿想了想还是决定珍惜这次机会。后来，她把复杂的句子抄到纸上，就连上厕所的时候都在努力练习发音。经过一段时间的练习，女儿最终以高分完成了比赛。所以，父母应该鼓励孩子把握每一次来之不易的机会，努力过后，孩子会收获一个更加勇敢的自己，感受到奋斗乐趣的他，以后也会变得越来越积极主动，这是一个良性循环的过程。

03 学会为孩子的每一点进步欢呼

我们常说不要拿自家孩子跟别人家的孩子做比较，而应该拿孩子的"今天"跟"昨天"做比较，只要孩子有一点儿进步，我们都应该为孩子鼓掌欢呼。孩子今天背完了5个单词，你鼓励他说："你一口气背完了5个单词，好厉害！下次让妈妈看看你可不可以更棒，好吗？"那么他下周就有可能背完6个单词，下下周有可能会背得更多。相反，如果孩子今天背完了5个单词，你皱着眉头说："明天继续努力，别人都能背10个了，你才背了5个。"你觉得说完这些话，孩子明天还想继续背单词吗？孩子的心理承受力跟大人没法比，你认为有效的"激将"和"打击"，未必能激发起孩子的斗志来，如果运用不当，还有可能会让他从此一蹶不振。有些时候，事情既然已成定局，那就平复心态，多鼓励孩子几句，没准孩子在你的鼓励之下会变得更加努力呢！

父母教育孩子的过程，其实就是在给孩子编织梦想舞台的过程。你把他框在一个很小的舞台上，那么他的思想和行动就会限定在这个小天地里，不敢主动往前迈步；如果你想让他变得更加积极主动，那就给他编织一个更大的舞台吧，让他在这个大舞台上尽情地展现自己。

安全习惯——自我保护意识要从小培养

在孩子幼小的心灵中，觉得爸爸妈妈都是超人，当他遇到危险时，爸爸妈妈都会在第一时间冲出来保护他。这种错觉让孩子忽视了自我保护的重要性，在生活中总是我行我素，不知道危险为何物。作为父母，我们应该打破孩子的这种错觉，让孩子意识到我们所处的世界虽然充满着善良和温暖，但在一些我们看不到的地方，也会有阴暗和危险。

所以，在孩子小的时候，我们就应该让他知道"小红帽和大灰狼"的故事，而且要让他知道，很多大灰狼在做坏事的时候是会披着"人的外衣"的。在现实世界也如此，真正的坏人是不会把"坏"字写在脸上的，他往往会打着好人的旗号骗你往陷阱里跳。因此，我们要让孩子从小就培养自我保护的意识，教育他在面对陌生人的时候应该保持基本的警惕和防范，努力把自己的危险程度降到最低。

日常生活中，父母和老师经常教育孩子要助人为乐，却很少有父母和老师提醒孩子助人为乐也是有前提和条件的。

助人为乐的前提是保护好自己不受伤害，否则盲目救人不但帮助不了对方，还有可能让自己身处险境。举个简单的例子，当看见有小孩落水时，我们一般不赞成孩子下水救人，因为这样有可能会搭上两个孩子的性命。我们应该告诉孩子，正确的做法是第一时间大声呼救，寻找周边大人的帮助，然后在大人救人的过程中，拨打110和120电话求助。除了不能盲目救人之外，我们还应该告诉孩子，有人向他求助未必是真的需要帮助，有时可能是坏人自编自演的一场骗局。

下面我们来看一个案例吧。

明明在上学的路上看到路边有个大学生模样的姐姐，这个姐姐当时跪在地上，面前放着一个牌子，上面写着"家里太穷了，我上不起学，只好出来打工。可是现在身上的钱被小偷偷走了，连回家的路费都没有了，希望好心人赞助我50块钱路费"。明明看到这个大姐姐的面前还摆着一个书包及一张学生证，于是动了恻隐之心。明明刚想把自己身上的零花钱掏出来送给这个可怜的大姐姐，这时旁边一位叔叔及时站出来制止了明明，还悄悄地告诉明明："千万别上当，这是个骗子。"

案例中的明明跟大多数孩子一样单纯、善良，遇到这种求助就会心生同情，然后信以为真地从口袋里掏出零花钱准备给对方。如果孩子真这么做了，十有八九会上当受骗，因为这种求助完全是坏人自编自演的骗局。对此，我们要告诉孩子，做善良的人没有错，但前提是要擦亮眼睛，看看对方是不是戴着面具的"大灰狼"。

除了教育孩子不能随便"助人为乐"之外，以下这些自我保护的习惯，也应该让孩子从小养成。

01 放学最好和同学结伴走

我们要告诉孩子，放学后如果没有父母来接自己，最好和同学结伴而行，以免在路上发生不必要的危险。因为在路上可能会发生交通事故、敲诈勒索、被坏人尾随等意想不到的状况，如果和同学结伴走，遇到危险时也能互相照顾。父母要让孩子明白，放学时要多观察周围环境，如果发现有陌生人尾随，要及时向周边的大人求助或拨打报警电话；在选择道路时，应该选择人流较多的道路，因为偏僻的小路危险会比较多；如果在路上有陌生人搭讪或者邀约，一定要坚决拒绝，千万不要随对方离开。

02　远离骑摩托车或开车问路的人

告诉孩子，当他走在路上，如果碰到骑着摩托车或开汽车的人向他问路，千万不要靠近对方的摩托车或汽车，至少要和对方保持两米以上的安全距离，再回答对方的问题。我们要提醒孩子，如果对方提出想让他上车带路，千万不能答应这种请求，因为孩子一旦上了对方的车，就有可能被坏人控制，无法脱身。告诉孩子，如果对方一再请求他帮忙，可以去找熟悉路况的大人来帮助对方，千万不要自作主张。

03　要勇敢地对校园霸凌说"不"

我们要告诉孩子：面对校园霸凌不能一味忍气吞声，而应该勇敢地站出来跟对方说"不"。在生活中，那些喜欢欺负弱小的人，往往都是欺软怕硬的人。你表现出懦弱的一面，对方就会一而再地欺负你；而如果你大声制止他们，对方看到你坚决抗议的态度和决心，反而有可能收敛自己的霸凌行为。当然，我们也要提醒孩子，遇到这种情况，"以暴制暴"并不是对付霸凌的好办法，因为如果对方比你强大，强硬反击只会让你受到更大的伤害。所以，这个时候一定要相信老师和父母，千万别让自己独自承受这些伤害。

04　不要结交坏孩子

上小学的孩子对交友并没有特别成熟的认知，完全凭着自己的喜好来结交朋友。在这个阶段，他认为"能玩得来"就可以成为朋友。

但是这种择友观念恰恰是一件非常危险的事情，如果仅凭个人喜好来选择朋友，稍有不慎，就会结交到坏孩子，从而带孩子误入歧途。我们应该告诉孩子，结交朋友要选择一些诚实、善良、质朴的孩子。否则，结交一些"坏孩子"，跟对方相处的时间久了，言行举止也会受到对方的影响，从而沾染一些恶习。小学阶段结交的朋友，会对孩子的成长产生非常重要的影响，父母要让孩子养成洁身自好的习惯，学会结交益友，远离那些有不良习惯的孩子。

05 不要向陌生人透露个人及家人信息

小学的孩子大部分都能详记自己的家庭地址、父母姓名和电话号码。父母把这些信息告诉孩子，是为了让孩子遇到危险时能够及时地联系家长。但是，父母在给孩子提供这些家庭信息时，还要提醒孩子，千万不要随便将信息透露给陌生人。因为有些陌生人一旦知道我们的个人信息和家庭信息，就有可能利用这些信息来进行诈骗。孩子应该从小养成保护个人信息及家庭信息的安全习惯，无论陌生人如何引诱，都不应该将这些信息提供给对方。除此之外，孩子在使用社交软件时也要有保护隐私信息的习惯。比如在使用微信时不要打开"附近的人"，以免别有用心的人通过"附近的人"搜索到孩子；要提醒孩子，平时在上QQ时，如果遇到中奖、领奖之类的信息，千万不要上当受骗。

从孩子出生开始，我们就应该让孩子养成自我保护的良好习惯，因为父母并不是超人，不可能时时陪伴在孩子身边，为他保驾护航。父母所能做的，就是让他紧绷安全这根弦，不要让他的单纯善良被别有用心的人利用。

文明礼貌习惯——讲礼貌的孩子人人爱

我们不能确保自己的孩子都能成为佼佼者，但是我们完全可以通过教育引导，让孩子成为一个讲礼貌的好孩子。如此，孩子至少能收获很多人的尊重和喜爱，也许有一天，这份好人缘能给孩子打开人生的另一扇窗户。

有一次，我与大学一位老师及师母聊天。在聊天的过程中，师母一脸焦虑地说道："我们的女儿学习成绩不太好，又没有一技之长，以后不知道该怎么办才好。"老师和师母育有一个美丽可爱的女儿，可是女儿的成绩不是很优秀，师母为此非常头疼。当师母说完自己的担忧之后，老师在旁边一脸从容地说道："你总是瞎担心，怎么不看看女儿身上的优点呢？她很有自己的想法，言行举止也非常有素养，在外面大家都很喜欢她，这样难道不好吗？你要记住，当一个人没有才华的时候，她的良好素养就是她最大的资本。"

老师的这段话让我记到了现在。不错，一个人的良好素养就是他最好的资本。有时候，我们倾尽全力，也无法让孩子变得那么优秀，但只要我们足够用心，完全可以让孩子成为一个举止文明、人见人爱的好孩子。你要相信，孩子的良好素养终有一天会成为他在这个社会上立足的资本。现在，每当女儿穿着心爱的公主裙站在镜子前，学着公主的样子挥舞魔法棒时，我就会不厌其烦地提醒女儿："宝贝，你要记住，有修养的女孩最美丽，不要太在意自己的外貌。"我特别希望女儿能成为一个具有良好素养，人见人爱的好孩子，而不是一个空有美丽外壳的人。

要养成讲文明礼貌的良好习惯，并不是一件容易的事情，父母要引导孩子从点滴小事做起，时刻注意自己的言行举止。有的父母看到孩子举止不雅的时候，总会想着孩子还小，等他长大后自然而然就会懂得讲文明礼貌。其实这是一种错误的教育理念，好的习惯要从孩子小的时候开始培养，否则一旦等他长大，你唠叨一千遍也没有用。所以，父母要趁孩子还小的时候，反复跟他强调文明礼貌的重要性。那么，在孩子成长的过程中，究竟需要养成哪些礼貌文明的习惯呢，下面我们就来一起看看吧。

01 见到亲朋好友要主动问好

走在路上，如果碰见了亲朋好友，父母要提醒孩子主动向对方问好，这是最基本的礼貌。第一次见面问好，如果孩子躲在父母身后不敢说话，父母也不要太勉强孩子。但是等孩子回家之后，父母要把道理跟孩子讲清楚，告诉孩子见面问好是最基本的行为礼貌。切记，在引导孩子跟别人打招呼的过程中，父母一定要有足够的耐心，多给孩子几次尝试的机会，千万不要逼着孩子去问好，否则会让孩子对见面问好这件事情产生抗拒心理。

02 跟别人交流要用礼貌用语

在平时的生活中，我们要教孩子一些基本的礼貌用语，比如打断别人做事的时候，应该事先说一句"打扰了"或"不好意思"；请别人帮忙的时候，开口第一句永远是"您好，麻烦您……"；跟长辈说话，尽量用"您"，不用"你"；不小心碰到别人时，一定要先说"对不起"，同时表达对对方的关心，询问对方有没有受伤等。以上礼貌用语，父母要提醒孩子记在心里，下次遇到类似的情况，可以引导孩子尝试一下，当孩子使用一段时间后，自然而然就会养成使用礼貌用语跟别人讲话的习惯。其实，家里就是孩子学习和使用礼貌用语的最佳场所，父母跟孩子之间完全可以使用这些礼貌用语来交流。如果孩子在家里能够做到讲文明礼貌，那他在外面也同样可以做到。

03 跟陌生人说话时，先礼貌称呼对方

除了跟亲朋好友见面要打招呼之外，父母还应该告诉孩子，与陌生人说话时，首先要根据对方的年龄称呼其"叔叔""阿姨"或"爷爷""奶奶"，然后再开口讲话。当孩子称呼完对方之后，会给对方留下一个很有礼貌的印象。接下来，如果孩子想向对方问路或者求助其他事情时，对方也会非常乐于帮助他。多年前，我在商店购物时，碰到过一个女孩向老板问时间，女孩当时连句称呼都没有，张口就是"哎，问一下现在几点了？"那位老板冷眼扫了女孩一眼，摆摆手说道："不知道。"其实当时老板的手腕上就戴着一块手表，他只是嫌女孩没礼貌，不愿意告诉她罢了。我们要教育孩子，即使面对陌生人也应该讲文明、讲礼貌。

04 不要随便嘲笑别人的缺点或不足

讲礼貌的孩子不会随便嘲笑别人的缺点，因为那会伤害对方的自尊心。父母应该告诉孩子，如果在路上遇到肢体残疾的人，不要用夸张的眼神去注视对方，就像平时一样走过去就好，如果你很惊讶地

盯着对方看，会让对方感觉非常不自在。父母要告诉孩子，任何时候都要换位思考，学着站在对方的立场上考虑问题，想一想如果自己被别人嘲笑了，心情会如何。如果孩子依然无法做到感同身受，那么父母可以把问题问得再具体一些，孩子在意自己身上的什么缺点，就以这个缺点举例子，引导孩子进行换位思考。比如，孩子非常介意别人说自己胆小，你就可以问孩子："如果别人嘲笑你胆小，你会开心吗？"问题越具体，越能让孩子做到感同身受，只有这样，他才不会去随便嘲笑别人的缺点。

05 不知该如何回答时，请给对方一个微笑

我们可以告诉孩子，当你不知道如何回答对方的问题时，最好不要冷冰冰地说一句"我不知道"。尽管你说的是事实，但这个回答很有可能会让对方感觉不舒服，认为你不想再继续跟他聊天了。这个时候，你完全可以先回对方一个礼貌的微笑，然后再说"我不知道"，换种方式来表达，至少不会让对方感觉到尴尬。一个人的良好素养，有的时候恰恰就表现在这些不经意的细节之中，细微之差，却能给对方带来完全不一样的感受。

在提升素养方面，言传身教是最有效的教育方式。如果父母在平时的生活中是一个讲文明懂礼貌的人，他们养育的孩子也不会毫无素养。

第8章

孩子的好习惯，离不开父母的坚持和耐心等待

在培养孩子良好习惯的道路上，父母的鼓励和引导永远是孩子最重要的精神支柱。坚持一件事情，不仅需要兴趣和动力，还需要强大的信念和意志力。每当孩子感觉痛苦和备受煎熬时，父母都需要以更大的耐心和毅力，站在孩子前面，温柔地引导他、鼓励他，用满满的爱意滋养他。

孩子"虐"我千百遍，我待孩子如"初恋"

女儿上一年级之后，我跟女儿约定，早上要快速起床、洗漱、吃早餐。每天晚上临睡前，女儿答应得很好，保证自己第二天会像一只欢快的兔子一样蹿起来。可是，第二天早上她的闹铃响了之后，小家伙依然蒙着被子在呼呼大睡。我忍不住责备了几句，还顺便抱怨了一下："已经过去5分钟了，不知那只欢快的兔子去哪儿了？"

听完我的责备和抱怨，女儿的神色顿时黯淡了下来。出门前，我再次叮嘱女儿，明天早上千万不能这样了，你拖延了5分钟，结果导致爸爸妈妈的所有安排都很仓促。女儿听完，乖巧地点了点头。

第二天早上，她的闹钟响起后，我们刻意不去叫醒她，而是站在一旁观察女儿的反应。只见女儿微眯着双眼，用一只手在桌子上摸索了半天，找到按钮把闹钟关掉了。接下来，出乎我们意料的是，女儿竟然抱着闹钟又迷迷糊糊地睡着了。

第三天早上闹钟响起后，女儿把闹钟关掉，说服自己慢慢地坐起来，然后闭着眼睛开始磨磨蹭蹭地穿衣服。

我知道，突然的早起对于刚从幼儿园升入小学的孩子而言，确实有些痛苦。但是就这么一件小事情，我没想到女儿竟如此难以适应，尽管每天晚上睡觉前她都反复向我保证第二天能够准时起床。

至此，我开始相信，要让孩子改变一个坏习惯或者养成一个好习惯，父母所付出的努力和耐心远比我之前想象的要多得多。

我估算了一下女儿的改变速度，照此下去，至少得30天，她才能养成快速早起的好习惯，更别说接下来还有吃饭、学习等方面的习惯了。就在我即将崩溃的时候，先生跟我说："你有没有发现，女儿至少每天都在进步。"我想了一下，确实如此。从她刚开始不理会闹钟，到后面关掉闹钟接着睡觉，再到现在起码已经能抱着闹钟爬起来了——虽然女儿经常穿衣服的时候还是闭着眼睛，但至少已经进步了不少，照这样的速度下去，养成迅速早起的好习惯也是指日可待的。

其实不光是改变孩子起床习惯的问题，在养育孩子的过程中，父母会发现，即使穿衣、吃饭、系扣子这些琐事，都在考验着自己的耐力和心态，更别说每日的辅导功课这些大事了。我想说的是，在面对一个每天都需要跟坏习惯抗争的孩子时，我们要调整好自己的心态，反复默念很多遍"孩子'虐'我千百遍，我待孩子如'初恋'"。

如果想让孩子养成一个良好的习惯，父母首先要问的不是孩子能坚持多久，而是应该问问自己究竟能坚持多久。坚持背后所付出的，不光是时间、精力和心血，还有"泰山崩于前而色不变"的从容。

可是我们毕竟是凡夫俗子，情绪不可能永远控制在平和、温柔、淡定的标准里。当同一件事情，我们跟孩子讲了五六遍道理，孩子依然我行我素的时候；当孩子信誓旦旦地跟你保证完成一件事情，可是扭头又忘得一干二净的时候，谁也不能保证能很好地控制自己的脾气和情绪。

但是，我们如同孩子一样，也需要成长，也需要改变，让自己的心理变得更强大一些。

有一年，我带女儿去一个私人画室学画画。老板和他的爱人都是艺术硕士，两人育有一个9岁的儿子，正上二年级。他们的画室有3个房间，其中里面那间房被老板留作了他儿子的图书室，他平时有空就在里面教儿子读书识字。有一天，我看到老板和他儿子在里间练字，老板用手指着课本上的生字，一个字一个字地教儿子识字。闲聊中我得知，这次期末考试他儿子的语文只考了57分，他只好利用周末时间帮儿子一个一个认字。一个非常简单的汉字，老板教了无数遍，他的儿子依然没有记住。

有一次，画室四下无人的时候，我与这位老板闲聊起来，老板才说出他儿子有视觉统合失调的问题，所以认字非常慢。后来我查了一下视觉统合失调的症状，具体表现为在阅读时，常会出现读书跳行、翻书页码不对、演算数学题常会抄错等视觉上的错误，从而造成学习障碍。时间久了，还必然会造成孩子学习成绩下降，跟不上学习进度，并产生自卑感等。另外，这样的孩子在生活上还常常丢三落四。

老板跟我说，他教儿子认字时，一个简单的生字，他有时候需要反复教几十遍甚至上百遍，而同样的汉字，其他孩子也许教一两遍就记住了。他说有时候教烦了心里也会涌起一股莫名的怒火，但一想到儿子先天存在这样的问题，便收起了所有的怒火和不耐烦。等平复完心态之后，他会继续不厌其烦地一遍遍教着儿子学认字。他说哪怕教上一百遍，只要孩子能多认识一个字，也算是一种进步。

这是一位平凡的父亲，同时也是一位伟大的父亲。从他的身上，我明白了家庭教育的真谛就是用足够的爱心和耐心陪伴着孩子慢慢长大。

每个孩子都是上天送给我们的天使，他从不介意我们的经济条件、社会地位、学识修养，就这么毫不犹豫地来到了我们身边，选择我们成为他的父母。这份信任是世界上最宝贵的东西。想到这里，我们还有什么理由不收起自己的焦躁与厌烦，好好地陪着孩子一起成长呢？

我们也是从孩提时代走过来的，如孩子这般大时，我们的表现又比我们的孩子优秀多少呢？每天早上起床，父母也同样在耳畔催促多次，我们才揉着惺忪的睡眼慵懒地爬起来；父母在耳边喊了无数次，让我们好好走路，不要猛蹿乱跑，可是只要一出家门，我们就像一只小兔子似的撒着欢往外跑；父母告诉我们"学习的时候要用心，不要三心二意"，可是等真正坐到书桌前的那一刻，我们脑海里装的依然是刚刚看过的动画片……这便是我们经历的童年，跟孩子比比，我们其实也没有优秀多少。

可是这些糟糕的经历，并没有妨碍我们继续成长，我们在跌跌撞撞中依然很好地长大了。其实，我们的孩子与当初的我们一样，每天都在进步，每天都在成长，只不过我们缺失了一双善于观察的眼睛，还有一颗足够平和的心而已。

养育孩子的过程，就像精心栽培一盆花朵。花开有时，我们只需做好自己该做的事情，浇水、施肥、除草、剪枝，等忙完这些事情之后，接下来只需调整心态，就可以静待花开了。

生活即教育，父母是孩子最好的镜子

教育家苏霍姆林斯基说过，每个瞬间，你看到孩子，也就看到了自己；你教育孩子，也就是教育自己，并检验自己的人格。这句话说得很有道理，父母是孩子的一面镜子，你想要一个什么样子的孩子，就要先把自己变成那个样子。

有个朋友说，她给孩子买了很多玩具，想要孩子开开心心地玩耍，可是孩子每次拿起一个玩具，顶多玩几天就腻了。过了一段时间，她发现孩子唯独对手机游戏情有独钟，怎么玩都玩不够。她反思了一下自己的日常行为，发现自己身上有一个坏习惯，那就是每次陪孩子玩游戏的时候，总要时不时地瞄两眼手机；偶尔辅导孩子写一次作业，只要孩子一低头写字，她就急忙拿出手机看两眼。与玩手机相比，陪伴孩子反倒成了一件敷衍的事情。她问我，如果她自己以前当着孩子的面手里都捧着一本书，那么孩子现在会不会也学着她的样子，空闲的时候翻翻书呢？

我告诉她，应该会吧，毕竟孩子的模仿能力非常强，每天都对着父母这面"镜子"的话，想不成为父母的样子都困难。这么说是有科学依据的，从儿童心理学的角度来看，儿童是在对成人和外部世界不断地模仿中，才最终完成自我构建的。对于儿童而言，无论是最初的语言，还是行为方式，其实都是通过模仿习得的，模仿甚至是创造力的前提和动力。

孩子刚来到父母身边时，就像一张白纸。父母与孩子一同在上面涂涂画画，共同把这张洁白无瑕的白纸变成了一幅独一无二的画作。在这整个过程中，父母的教育和引导占据着非常重要的地位，甚至可以说这幅作品的风格几乎就是父母风格的翻版。如果有一天孩子身上的一些毛病让你头疼了，先别急着呵斥孩子，先从自己这面"镜子"入手，看看自己身上是否有和孩子一模一样的毛病。

父母如果发现孩子撒谎时面不改色，就应该想想自己平时有没有当着孩子的面这样撒过谎，如果有，先改改自己的毛病；孩子喜欢争强好胜，不允许别的孩子比自己优秀，别人一旦超过了他，立即就嫉妒、愤恨，这个时候，父母也要先反思一下自己平时生活中是不是也喜欢争强好胜；孩子见了别人从不打招呼，也从不对任何人说"谢谢""对不起"等礼貌用语，这时候，父母也应该想想自己平时的言行举止是不是如此。

父母能从孩子的毛病里，看到自己的身影。同样，我们也能从一个优秀孩子的身上，看到父母身上的闪光点。一般而言，一个优秀孩子的背后都站着一对同样优秀的父母。这里所说的"优秀"，不仅包括学识，更包括人格魅力。

有一位父亲，将家里5个孩子全都培养成了大学生。记者去采访这些孩子，问他们的父亲是怎样把他们培养成才的。孩子们说：身教。父亲从不讲大道理。他为我们制订了一份计划，早晨5点起床锻炼身体，包括他自己。每天早晨，父亲总是第一个起床，敲敲我们的房门，不多说一句话，我们便很自觉地爬起来。十几年如一日啊，父亲从未间断过！我们的毅力便在这十几年间一点一点地沉淀下来，成为一棵不倒的大树。我们从跨进小学的第一天起，父亲便发给我们每人一个脸盆，一个搓衣板，意味着以后我们要自己照顾自己了。我们的独立生活便从这一个脸盆，一块搓衣板开始了……

为什么这个父亲从不讲大道理，却能把5个孩子都培养得那么优秀呢？正如孩子所言，这都是父亲言传身教的结果。父亲就像一个灯塔，矗立在前方，孩子们便跟着父亲的样子学习。与这位父亲相比，父母可以反思一下自己平时在教育孩子方面是否说得太多而做得太少呢？

对一个孩子而言，在父母身上受到的影响要远远大于来自老师的影响。所以，教育孩子最好的办法，就是言传身教。努力先让自己变成足够优秀的父母，孩子对着我们这面"镜子"，自然会有样学样地长大。有句古诗"随风潜入夜，润物细无声"，父母的一言一行，不用刻意传授给孩子，孩子就能在潜移默化之中学到这些精髓。

孩子从小到大，方方面面的事情都需要父母的教育和引导，其中有几件事情是至关重要的，下面我们就一起来看看吧。

01　给孩子做好阅读的榜样

在孩子应该养成的好习惯中，阅读习惯至关重要。

如果有一天，你发现孩子玩手机很上瘾，可是一看书就想要睡大觉，那么请父母先反思一下自己在空闲时间是不是也喜欢没完没了地玩手机？如果是，那就尽早放下手机多看看书，努力给孩子营造一个热爱阅读的家庭氛围。时间长了，你就会发现，原本不爱看书的孩子，慢慢也会爱上阅读。

02　给孩子做好品德上的榜样

孩子良好的品德修养，少不了父母的言传身教。不要把孩子的思想道德培养，完全寄托在学校设置的思想品德课程上。对于孩子而言，有以身作则的好父母，远比上思想品德课要重要得多。因为，品德需要在实践中培养，而不能只靠"纸上谈兵"。曾有新闻报道说，坐在汽车后座的孩子随手就把垃圾从车窗上丢了出去，而在前面开车的父亲发现之后，先是大声呵斥了孩子，然后把车停好，亲自下车把孩子丢掉的垃圾捡了起来。有这样好品德的父亲在前面领路，再缺乏公德意识的孩子，也会学着父亲的样子，慢慢树立起公德心。

03　给孩子树立知错就改的好榜样

如果你的孩子"出口成脏"，请先不要急着指责学校和老师，试着静下心来想一想，自己平时在家是不是也经常"出口成脏"？如果是，那就为了孩子，努力改掉这个毛病吧。人非圣贤，孰能无过。

每个人难免都会有一些不完美的地方，但是作为父母，父母要通过自己的努力，让孩子明白一个道理：有坏习惯并不可怕，可怕的是永远改不掉坏习惯。父母要有改变自己的勇气和魄力，一旦发现自己身上的哪些习惯可能会给孩子带来不好的影响，那就下决心把它改正过来吧。改变习惯的过程虽然很辛苦，但与教育孩子相比，任何付出都是值得的。作为父母，我们如果能做到知错就改，那么孩子看到父母改变的决心和态度，也会渐渐地改变自己的坏习惯。

教育的真谛，在于引导和帮助，在这一方面，父母永远是孩子最好的"镜子"。如果想看到一个更好的孩子，请先变成更好的父母吧，这样孩子在你这面"镜子"里，才能照出一个更好的自己来。

21天养成一个好习惯，不是终点，而是起点

21天养成一个好习惯的说法，并不完全准确。很多人经过亲身实践证明，坚持21天之后，只会习惯一个新变化，而不一定能养成一个新习惯。要想养成习惯，还需要坚持更长的时间。

其实，21天养成一个好习惯的说法源于"21天法则"。这个法则最早并不是习惯的养成法则，它出自一本名叫《心理控制术》的书，作者麦克斯威尔·马尔茨是20世纪60年代美国的一名整形医生和临床心理学家。他在工作中通过观察发现，改变心理意象通常至少需要21

天。比如，经历了整形手术的人通常需要21天来适应他们的新面貌；而截肢病人出现的"幻肢"体验往往也需要21天才能消退；同样的，搬入新家后，大约经过21天，住户才会有"家"的感觉。

马尔茨在书里举的这些例子，其实指的只是人们开始有了新变化，而非养成了一个新习惯。这个概念经过人们的传播之后，被误解了，大家都误认为养成一个习惯需要21天。

不过，坚持21天之后，如果能够习惯一个新的变化，也是一个可喜的成果，因为它是我们养成一个新习惯的必经过程。下面，我们就以一年级新生所面临的一个普遍问题——"起床难"为例，进行一下深入的探讨。在探讨之前，我们先来看一个案例。

7岁的晴晴刚刚升入小学一年级。在幼儿园的时候，晴晴每天早上都会在7:30起床，然后慢悠悠地吃完早饭，再跟着妈妈去幼儿园。可是刚进入小学第一天，老师就宣布了一个规定，以后每天7:30必须坐在教室里开始早读，这意味着晴晴必须每天6:30左右就要从床上爬起来。这个规定可愁坏了晴晴和妈妈，因为每天早起是一件非常痛苦的事情。以前早上起床，晴晴都需要妈妈反复催促无数遍，她才能慢慢睁开眼睛。这下好了，一下子突然提前了一个小时，晴晴和妈妈的头顿时都大了起来。

早起是每个小学新生都要面临的一大难题，也是父母急需引导孩子养成的一个好习惯。面对这种突如其来的转变，很多父母的做法都是大呼小叫，反复催促，直到把孩子叫起来为止。可是这样做，会让孩子形成一种依赖，每天早上如果父母不催促十遍八遍，那么他躺在床上怎么都不会起来。这种做法会让早起变成一个恶性循环，父母越催促，孩子越晚起；孩子越晚起，父母催促得越频繁。长此以往，孩子就会越来越依赖父母的催促，从而变得更加懒散。

想要走出这种困局，就要想办法让孩子养成早起的习惯。父母可以试试"21天法则"，看看孩子在这21天里究竟会发生什么变化。

第一周，孩子需要刻意提醒自己早起，而且起床的过程会变得非常痛苦。从7:30提前到6:30，孩子面对这种突然的改变，很难适应，需要强大的意志力支撑他从舒适的床上爬起来。所以在这刚开始的7天时间里，孩子会感觉非常受煎熬，情绪上也容易出现烦躁的情况。

第二周，孩子依然需要经过刻意提醒才能做出改变，但起床的动作顺畅多了，感觉也不像上周那么痛苦了。因为经过7天的练习，孩子的身体已经慢慢适应了这种早起状态。虽然每天早上依然要刻意提醒自己起床，但从床上爬起来时，已经没有那么痛苦了。但是这时候，父母千万不要心存侥幸，认为孩子已经养成了早起的良好习惯。在这个阶段，孩子的习惯尚未巩固，随时有可能出现情绪上的反复，因此，父母千万不能放松警惕。

第三周，孩子不需要经过刻意的提醒，就能相对自然地做出改变。通过两周的早起训练，孩子的身体已经没有当初那么疲惫了，意志稍微坚强一些，孩子就能很快从床上爬起来。

经过21天的反复训练之后，孩子虽然并没有养成主动早起的好习惯，但是他们的身体和思维已经逐渐适应了这个新的变化，不再感到那么痛苦和受煎熬了。这时候，如果想让孩子把这个好习惯巩固下来，就需要继续训练一段时间，直到孩子不用刻意提醒自己，就能非常自然地从床上爬起来为止。到这种程度，孩子才算养成了一个新的习惯。

当然，在坚持的过程中，孩子可能会出现各种各样的情绪问题，父母要做的就是帮助孩子渡过这段艰难的瓶颈期。我们常说"守得云开见月明"，孩子一旦渡过这段瓶颈期，就能相对顺利地把这个习惯坚持下去。在这个过程中，父母不妨通过一些小技巧来淡化孩子的痛苦。

01 把大习惯拆分成小习惯

如果想让孩子养成某个好习惯，父母可以找些小技巧，帮助孩子把这个好习惯拆分成更小的习惯，这样孩子在执行的过程中就不会感觉那么痛苦了。比如，父母想让孩子在一个小时内完成所有的作业，孩子却总要拖拉到两个小时才能完成。这时，我们可以观察一下孩子的整个学习过程，将整个过程分解成多个环节，比如准备文具、课本，动笔写作业，喝水，上厕所等。父母经过仔细观察，就能发现孩子在哪个环节出了问题，接下来引导孩子重点改善这个环节上的小习惯，只有把这个小习惯培养好了，才有可能确保整个过程顺利完成。

02 培养习惯也要遵循先易后难的规则

在培养习惯的过程中，父母仍然要遵循先易后难的规则，这样可以适当保护孩子的行动积极性。孩子升入小学之后，无论生活还是学习，都需要面临大的改变和调整。比如每天早上要早起洗漱，晚上临睡前要完成所有的家庭作业，还要准备第二天上课需要用的书本，有时甚至还要预习新的功课。在这种情况下，孩子就需要养成一系列好习惯。这时，父母一定要保持清醒的头脑，千万不要采用"齐头并进"的方式，要求孩子同时养成所有的好习惯。父母应该把这些习惯按照先易后难的顺序进行分类，然后引导孩子先从简单的事情做起，再逐渐过渡到复杂的事情。

03 打卡可以帮助孩子更好地坚持

当孩子很难坚持下去时，打卡无疑是一个很好的解决办法，这可以督促孩子把这件事情继续进行下去。打卡之所以有效，是因为这样能把孩子每天所做的事情记录下来，让孩子获得切实的满足感和自信心。这对一个正在咬牙坚持的孩子而言，是一种非常重要的鼓励和夸赞。有条件的父母甚至可以把孩子打卡的结果发到朋友圈里，然后拿给孩子看一眼。朋友圈作为一种虚拟的舆论场所，会在无形中激励孩子把这件事情坚持下去。

"21天法则"并不能让孩子完全养成一个新习惯，但是坚持21天之后，孩子至少会适应新的变化。在此基础上，我们可以通过以上这些小技巧，引导孩子继续坚持下去，相信经过一番努力之后，孩子终将养成良好的习惯。

好习惯，是父母用爱滋养出来的

在这个世界上绝大多数父母都是爱孩子的。竭尽全力去爱孩子，这也许是人类的一种本能和天性，不用任何人强迫，父母就能自发地去付出。但是，父母却很少会反思这样一个问题，那就是当自己拼尽全力去爱孩子的时候，有没有问过孩子能否感受到父母浓厚的爱意，又能否从父母的爱里感受到被滋养的快乐？

爱不爱孩子和会不会爱孩子，是两个完全不同的概念，需要父母进行深刻的反思。

01 爱分两种，利他与利己

利他型人格的父母，他们的爱是一种不求回报的付出，并且完全把孩子视作一个独立的个体，希望孩子能够独立、快乐、包容。因此在做任何事情的时候，这类父母都会站在孩子的立场去考虑问题，反思自己这种行为是否真正有利于孩子的健康成长。拥有这类父母的爱，是一个孩子最大的幸运，他能从父母的爱里感受到阳光和温暖，这份爱没有居高临下和独断专行，有的只是平等和民主。

利己型的爱，也是一种爱，但这种爱是带有自私、功利性质的小爱。大多数父母在爱孩子的时候，可能意识不到这个问题。父母可以认真反思一下，自己每天花费大量的时间和精力想把孩子培养得更优秀时，心里怀着怎样的一份期待呢，是否希望孩子成绩优异、才华横溢，一领出去就能收获满满的夸赞和羡慕？这时候，父母往往倍感自豪和骄傲，为自己能够培养出如此优秀的孩子而开心。如果孩子没有表现得那么优秀，甚至在亲朋好友面前让你丢了脸面时，你心里会不会因此而堆满了愤怒和悲哀？当父母把孩子的优秀与自己的脸面挂钩之后，这样的爱已经在无形之中变了味道，成了一种利己型的爱。

按此标准，有些父母的爱其实并不能称之为大爱，而只是一种狭隘的小爱。因为这类父母在爱孩子的时候，掺杂了自己爱面子的功利心。很多父母会在孩子不听话的时候歇斯底里地大喊"我为你付出了这么多，你对得起我吗？""你给我好好学习去！"当父母这样歇斯底里地向孩子吼叫的时候，其实无形中带了一种求偿心理，希望孩子能同情、体谅自己的辛苦，从而好好学习，乖巧听话，以此来回报父母的爱。

父母一旦对自己付出的爱抱有期待之后，在面对孩子时多少都会带有一些功利心。所以，当孩子不听话时，父母就会联想到自己平日里的种种辛苦付出，进而表现出暴怒、失望等极端情绪。在这样的情绪左右下，很多父母会通过打骂，甚至是人格侮辱的方式来发泄自己心中的不满。

一个孩子在教室和同学打扑克，被班主任要求叫家长来学校配合管教。母亲怒气冲冲来到学校，在五楼走廊上当着其他同学的面，直接一只手掐住儿子的脖子，另一只手戳着孩子的脑门，将他抵在墙上不停地训斥，还接连扇了孩子两个耳光。两分钟后，孩子突然翻过五楼围栏，一跃而下……

这位母亲对孩子的教育方式，的确让人寒心，又怎么能谈得上爱孩子呢?

02 不同性质的爱会衍生出不同的教育方式

带有利己性质的爱，会把自己的感受放在第一位，父母觉得生气、失望的时候，就会把这种负面情绪发泄在孩子身上。这种自私的爱，无法让孩子的生命得到滋养，反而会向内侵袭，吞噬孩子对温暖、安全、幸福感的体验。孩子在小的时候迫于父母的压力也许不会表露太多，但是他长大之后，这些负面影响通通都会暴露出来，比如自卑、自闭、自私、敏感，等等。

当然，这并不意味着父母可以溺爱孩子，任由孩子自由散漫地成长。而是说，父母在对孩子进行批评教育的时候，应该把他当作一个具有独立人格的生命个体，学会尊重他、理解他，至少不能以剥夺孩子自尊的方式去教育他、压制他。

如果孩子身上出现了不好的习惯，父母首先要考虑的不应该是自己的面子，而应该把思考的重点放在"孩子为什么会出现这样的习惯""我可以通过哪些方式让他改变这些不良习惯""我采用什么样的方式，能够让孩子接受我的意见"诸如此类的问题上。

再退一步，如果父母做到了以上几点，孩子依然我行我素，不愿听取意见，那么，为了孩子的健康成长，父母也可以适当采取一些惩罚措施，以帮助孩子尽快改掉不良的行为习惯。但是在选择惩罚措施时，一定要注意方式方法。

在美国的教育体系中，教育专家会建议父母采用"因果关联"和"剥夺式惩罚"的方式教育孩子。这种方式旨在让孩子明白他们的错误行为会造成相应的后果，从而会剥夺他们本该享受的事情。这种惩罚方法，我在之前的内容中曾经提到过。例如，孩子没有在规定的时间内完成作业，那么你可以跟孩子约定，取消他接下来3天或者一周看动画片的权利。孩子懂得了因果关联，下次在写作业的时候，一想到自己随时可能被取消的动画片，就会逐步加快速度，改变自己拖拉的坏习惯。

"因果关联"和"剥夺式惩罚"的方法，远比打骂孩子、伤害孩子自尊的办法，更能让孩子感受到父母的尊重和爱意。孩子做错了事，你打他一顿，孩子更不愿意听你的了。因为他觉得既然你打了他，双方就扯平了，谁也不欠谁的了，以后他该怎么样还怎么样。反过来，如果你不打不骂，而是尊重他的意愿，跟他达成一个君子协议，他做错了事情，你剥夺他看动画片的权利，这会让他输得心服口服。接下来，他会告诉自己，下次再想赢，靠自己努力就是了。

03 不要打着"一切为了孩子"的旗号而随意打骂他们

父母要意识到，自己和孩子在人格上是平等的，两者之间的爱也应该是平等的，不存在亏欠和补偿的不对等关系。这样，父母在面对一个做错事的孩子时，才会以客观和理智的心态去帮助他、引导他。否则，父母总是想着自己付出了多少，那么在面对孩子的时候就会忍不住发泄自己的怨气，觉得自己付出的爱并没有得到孩子更好的回报。

我们都是平凡的父母，在养育孩子的时候，难免带着"拼孩子""比孩子"的功利心，不会把孩子视作一个独立的生命个体，也难以站在孩子的立场上去思考怎么教育更妥当。但是，我们可以通过不断学习，让我们的爱变得更无私、博大一些，从而更好地去滋润孩子的生命。一个有爱滋润的孩子，不用父母过度管教，他们就能通过自觉努力，不断习得好的行为习惯。

教育孩子，是一场充满挑战的自我修行

如果有一天，父母能够成功地把一个只会哭着喊爸爸妈妈的小毛孩教育成一个彬彬有礼、人格独立、人见人爱的大孩子了，这才有资格松一口气。对任何父母而言，教育孩子都是一场艰苦、幸福而又充满挑战的自我修行。这场修行，修的是你的耐心、学识、人格、道德、思想等方方面面。总而言之，你所能想象出来的，一个优秀的孩子身上具备的所有良好品质和习惯——独立、优秀、善良等，都要通过父母的修行来获得。

有的父母抱怨说，孩子上幼儿园时都非常轻松，谁知一进入小学，每天要早起上学，回家要写很多作业，还得兼顾体育和阅读。父母为了孩子，生生把自己逼成了全能型的"超人爸妈"。我想说的是，教育孩子本来就是一场充满挑战的自我修行。

孩子升入小学之后，完全进入了一个新的环境，他在这个新的环境里，要跌跌撞撞地学着交往、自立和生存。作为父母，我们很可能

会看到孩子隔三岔五就会出现各种各样的突发状况——和同学之间起了争执，没法按时完成作业，上课的时候总是心不在焉……面对这些问题，父母很难再像从前那样，蹲下来温柔地问问他怎么了，而是习惯性地带着一副教导的口气跟他说："爸爸妈妈有没有告诉过你，要好好听课，好好跟同学相处，你究竟有没有听到？"结果却发现，父母越指责，孩子越不知所措，哭泣的次数也越来越多。

我们急于想要培养一个完美的、优秀的孩子，却忽略了这样一个事实：真正的好孩子，是靠父母教育出来的，而不是教训出来的。在培养孩子的道路上，我们永远是一个需要不断进行自我修行的父母，因为孩子在不断成长，而我们的思维和方法，也要配合他们不断更新换代。

在自我修行的道路上，"足够的耐性""理智的情绪"和"正确的方法"永远是最重要的几个主题。

01 任何时候，父母都不能失去耐性

孩子进入小学之后，最大的敌人便是"拖延症"，吃饭磨磨蹭蹭，20分钟过去了，他才吃完一颗鸡蛋；写作业时拖拖拉拉，5分钟过去了，他竟然还在削铅笔……你盯着桌子上的计时沙漏，看着沙子一点点往下漏，脸色也变得越来越难看。终于，你爆发了，仅有的耐心随着沙子的流逝也变得荡然无存，于是你暴怒："还吃不吃啊！不想吃饭，一天都别吃了！""还能不能好好写作业，不想写，给我一边站着去！"

孩子迫于你的"怒吼"，暂时会加快自己的吃饭速度和学习速

度。可是下次等你不再怒吼时，他不知不觉又会放慢自己的速度，因为他觉得自己的努力只是为了"表演"给你看。

这时候，父母最需要修炼的是自己的耐性。想想我们之前探讨过的"21天法则"，一种行为，坚持21天之后，孩子才能适应它的新变化，而要养成一种好习惯，则需要更长的时间。因此，作为父母，我们要给予孩子足够的时间改变，不要急躁地冲他大吼大叫。否则，你自己都焦虑得快要"爆炸"了，又如何能培养出一个淡定、自信、乐观的孩子呢？

父母是孩子的一面镜子，我们不想让孩子变成什么样子，就一定要克制自己不要成为这样的父母。所以，赶快收起自己的焦躁情绪，把该讲的道理好好跟孩子讲完，然后耐住性子，静静地等待他的改变吧。

02 学会为孩子的每一点进步鼓掌

不要总把"别人家的孩子"挂在自己的嘴上，这么说，很容易打击孩子上进的积极性。要比，也是拿孩子的"现在"跟他的"过去"比。通过比较，可以让孩子看到自己哪些地方进步了，哪些地方退步了，这样的比较才是有价值的，才可以督促孩子不断向更好的方向去努力。父母要学会为孩子的每一个小的进步而欢呼鼓掌，哪怕这种小小的进步，在别人的眼里不值一提。

我女儿程程加入合唱团了，她可能是合唱团里最小的一个孩子。有一天下午我去接她的时候，老师对我说，孩子刚开始唱歌，还有些胆怯，声音放不开。回到家后，我跟女儿说，老师说你进步特别大，都能跟着大哥哥大姐姐把完整的曲子唱完了，下次我们再把声音放开点，就更好听了。女儿听完，开心地点了点头。

如果孩子已经足够努力，就用力地夸奖他吧。只不过，父母在夸奖的时候，别总是敷衍一句"你真棒"，而应该夸得具体一些。比如，父母可以这样说："宝贝，你看，你努力练习了几天跳绳，已经能跳50下了，比之前多了30下，多棒啊！"你的夸奖，会让孩子明白一个道理：只有辛勤付出，才能取得进步。那么接下来，他会比以前更认真、更努力。

03 教育方法没有最好，只有更好

天底下没有最好的教育方法，只有更好的教育方法。父母只有找到适合自己孩子的教育方式，才是最成功的方法。

不同的孩子有不同的个性，父母不能拿一个固定的教育模式去往自己的孩子身上套，这样不仅不利于孩子的成长，还容易给孩子造成很大的伤害。有的孩子自控力差一些，就适合严苛一些的教育方式，否则父母一旦对他放松管教，他就有可能由着自己的性子，让自己变成一匹脱缰的野马；有的孩子自控力比较强，就适合鼓励性的教育方式。如果父母一味责骂只会挫败孩子自我管理的积极性。总之，父母要及时根据孩子的特点，去不断修正教育方法。

另外，无论采用哪一种教育方法，都有一个核心的问题，那就是如何引导孩子掌握好"自由"和"规矩"的界线。我女儿所上的兴趣班里有一个淘气的男孩，他上课不认真听课，做题时乱写乱画。我们聊天的时候，他妈妈说："我不想过于限制孩子的发展自由，否则

会抑制孩子的创造力。"我想说的是，释放孩子的天性没有错，但前提是应该给孩子设置一些必须遵守的规矩和底线。在规矩和底线范围内，父母可以适当给孩子一些自主权，让他学着为自己的人生负责任。

当然，不同的孩子，需要不同的规矩和底线，这依然需要父母在教育孩子的过程中不断学习和探索。

人生是一场修行，养育孩子更是一场修行。父母只有不断地修炼自己的性格、情绪和心态，才能陪伴孩子跑完人生的这场"马拉松"。在养育孩子的道路上，从来没有最好的父母，我们每个人都是在跌跌撞撞的尝试中，学着让自己成为更好的父母。

父母引导孩子跟拖拉的坏习惯做抗争，引导孩子学着做自己生活和学习的主人，独立、自觉地安排自己的生活和学习。在这个过程中，孩子将变得更加独立、自觉，而父母也将会跟随孩子的成长变得更加坚韧、包容和成熟。养育孩子的过程，也是让自己变得更好的过程。因此，教育的受益者，并非只有孩子，父母应该感谢孩子，让自己也有机会成长为更加完美的父母。